7 MEJORES CUENTOS
HORACIO QUIROGA

Tacet Books

7 mejores cuentos Horacio Quiroga

Editado por
August Nemo

Copyright© Tacet Books, 2021
Todos los derechos reservados.

Editor August Nemo
Diseño de cubierta y interior Mayra Falcini
Marketing Horacio Corral

Catalogación en la Publicación (CIP)

Quiroga, Horacio.
Q8 7 mejores cuentos - Mujeres / Quiroga, Horacio – São Paulo, SP: Tacet Books, 2021.
85 p. : 14 x 21 cm

ISBN 978-65-89575-28-3

1. Literatura de Uruguay

CDD 868.9939

Tacet Books
Hecho en silencio
Para mentes ruidosas

www.tacetbooks.com
tacet.books@gmail.com

Índice

El Autor

Horacio Silvestre Quiroga Forteza nació el 31 de diciembre de 1878 en la ciudad uruguaya de Salto, en el norte del país, sobre el río Uruguay. Fue el segundo hijo del matrimonio de Prudencio Quiroga y Pastora Forteza. Por parte paterna descendía del caudillo riojano Facundo Quiroga. Su padre falleció cuando él contaba tan solo con dos meses, cuando, tras una jornada de caza, al bajar de la embarcación se le disparó accidentalmente la escopeta delante de su mejor amigo, que lo recibía con Horacio en los brazos. En 1891 la viuda se casó con Mario Barcos, que fue un buen padrastro con el chico pero sufrió un derrame cerebral en 1896 que lo dejó semiparalizado y mudo. Se suicidó disparándose en la boca con una escopeta manejada con el pie justo cuando Horacio, de 18 años, entraba en la habitación.

Hizo sus estudios en Montevideo, capital de Uruguay hasta terminar el colegio secundario. Estos estudios incluyeron formación técnica (Instituto Politécnico de Montevideo) y general (Colegio Nacional), y ya desde muy joven demostró interés por la literatura, la química, la fotografía, la mecánica, el ciclismo y la vida de campo. A esa temprana edad fundó la Sociedad de Ciclismo de Salto y viajó en bicicleta desde Salto hasta Paysandú (120 km).

En esta época pasaba larguísimas horas en un taller de reparación de maquinarias y herramientas. Por influencia del hijo del dueño empezó a interesarse por la filosofía. Se autodefiniría como «franco y vehemente soldado del materialismo filosófico”.

Simultáneamente también trabajaba, estudiaba y colaboraba con las publicaciones La Revista y La Reforma. Poco a poco, fue puliendo su estilo y haciéndose conocido. Aún se conserva su primer cuaderno de poesías, que contiene veintidós poemas de distintos estilos, escritos entre 1894 y 1897.

Durante el carnaval de 1898 el joven poeta conoció a su primer amor, María Esther Jurkovski, que inspiraría dos de sus obras más importantes: Las sacrificadas (1920) y Una estación de amor. Pero los desencuentros provocados por los padres de la joven – que reprobaban la relación, debido al origen no judío de Quiroga – precipitaron la separación definitiva.

En 1897 fundó la Revista de Salto. Después del suicidio de su padrastro, que presenció, Horacio decidió invertir la herencia recibida en un viaje a París. Estuvo – contando el tiempo de viaje – cuatro meses ausente. Sin embargo, las cosas no salieron como había planeado: el mismo joven que había partido de Montevideo en primera clase regresó en tercera, andrajoso, hambriento y con una larga barba negra que ya no se quitaría nunca más. Resumió sus recuerdos de esta experiencia en Diario de un viaje a París (1900).

Al volver a su país, Quiroga reunió a sus amigos Federico Ferrando, Alberto Brignole, Julio Jaureche, Fernández Saldaña, José Hasda y Asdrúbal Delgado, y fundó con ellos el «Consistorio del Gay Saber",[3] una especie de laboratorio literario experimental donde todos ellos probarían nuevas formas de expresarse y preconizarían los objetivos modernistas de la generación del 900. Pese a su corta existencia, el Consistorio presidió la vida literaria de Montevideo y las polémicas con el grupo de Julio Herrera y Reissig. El Consistorio del Gay saber fue uno de los cenáculos de Montevideo, junto con la Torre de los Panoramas. Estos lugares eran el centro de reunión de escritores y pensadores de principios del siglo XX. El Consistorio se desarrolló desde 1900 hasta 1902 en una pensión donde Horacio Quiroga alquilaba una habitación, en Montevideo. Emil Rodríguez Monegal manifestó que Quiroga, luego de su residencia en Salto, partió a la capital a vivir con Julio J. Jaureche en una casa de pensión situada en la calle 25 de Mayo 118, segundo piso, entre Colón y Pérez Castellano. Su amigo desde la adolescencia, Alberto J. Brignole, vivía cerca de allí (25 de Mayo 87).2 Con Asdrúbal E. Delgado y José María Fernández Saldaña restauraron el viejo grupo, al que se sumó un primo de Jaureche, Federico Ferrando. En la pieza que compartía con Jaureche fundó Quiroga su tercer cenáculo literario: el Consistorio de Gay Saber, tal como lo bautizó Ferrando inspirándose en las agrupaciones poéticas provenzales

La alegría que le provocó la aparición de su primer libro (Los arrecifes de coral, poemas, cuentos y prosa lírica, publicado en Buenos Aires en 1901, dedicado a Lugones) se vio trágicamente opacada – una vez más – por la muerte de dos de sus hermanos, Prudencio y Pastora, víctimas de la fiebre tifoidea en el Chaco.

El funesto año de 1901 guardaba aún otra espantosa sorpresa para el escritor: su amigo Federico Ferrando, que había recibido malas críticas del periodista montevideano Germán Papini Zas, comunicó a Quiroga que deseaba batirse en duelo con aquél. Horacio, preocupado por la seguridad de Ferrando, se ofreció a revisar y limpiar el revólver que iba a ser utilizado en la disputa. Inesperadamente, mientras inspeccionaba el arma, se le escapó un tiro que impactó en la boca de Federico y lo mató instantáneamente. Llegada al lugar la policía, Quiroga fue detenido, sometido a interrogatorio y posteriormente trasladado a una cárcel correccional. Al comprobarse la naturaleza accidental y desafortunada del homicidio, el escritor fue liberado tras cuatro días de reclusión.

La pena y la culpa por la muerte de su querido compañero literario llevaron a Quiroga a disolver el Consistorio y a abandonar el Uruguay para pasar a la Argentina. Cruzó el Río de la Plata en 1902 y fue a vivir con María, otra de sus hermanas. En Buenos Aires el artista alcanzaría la madurez profesional, que llegaría a su punto culminante durante sus estancias en la selva. Además, su cuñado lo inició en la pedagogía y le consiguió trabajo bajo contrato como maestro en las mesas de examen del Colegio Nacional de Buenos Aires.

Designado profesor de castellano en el Colegio Británico de Buenos Aires en marzo de 1903, en junio del mismo año y ya convertido en un fotógrafo experto Quiroga quiso acompañar a Leopoldo Lugones en una expedición a Misiones, financiada por el Ministerio de Educación, en la que el insigne poeta argentino planeaba investigar unas ruinas de las misiones jesuíticas en esa provincia. La excelencia de Quiroga como fotógrafo hizo que Lugones aceptara llevarlo, y el uruguayo pudo documentar en imágenes ese viaje de descubrimiento.

Al regresar a Buenos Aires luego de su fallida experiencia en el Chaco, Quiroga abrazó la narración breve con pasión y energía. Fue así como en 1904 publicó el notable libro de relatos El crimen de otro, fuertemente influido por el estilo de Edgar Allan Poe, que fue reconocido y elogiado, entre otros, por José Enrique Rodó. Estas primeras comparaciones con el «Maestro de Boston" no molestaban a Quiroga, que las escucharía con complacencia hasta el fin de su vida y respondería a menudo que Poe era su primer y principal maestro.

Durante dos años Quiroga trabajó en multitud de cuentos, muchos de ellos de terror rural, pero otros en forma de deliciosas historias para niños pobladas de animales que hablan y piensan sin perder las características naturales de su especie. A esta época pertenecen la novela breve Los perseguidos (1905), producto de un viaje con Leopoldo Lugones por la selva misionera hasta la frontera con Brasil, y su soberbio y horroroso El almohadón de pluma, publicado en la revista argentina Caras y Caretas en 1905, que llegó a publicar ocho cuentos de Quiroga al año. A poco de comenzar a publicar en ella, Quiroga se convirtió en un colaborador famoso y prestigioso, cuyos escritos eran buscados ávidamente por miles de lectores.

En 1906 Quiroga decidió volver a su amada selva. Aprovechando las facilidades que el gobierno ofrecía para la explotación de las tierras, compró una chacra (en sociedad con su amigo uruguayo Vicente Gozalbo) de 185 hectáreas en la provincia de Misiones, sobre la orilla del Alto Paraná, y comenzó a hacer los preparativos destinados a vivir allí, mientras enseñaba Castellano y Literatura.

Durante las vacaciones de 1908, el literato se trasladó a su nueva propiedad, construyó las primeras instalaciones y comenzó a edificar el bungalow donde se establecería. Enamorado de una de sus alumnas – la adolescente Ana María Cires –, le dedicó su primera novela, titulada Historia de un amor turbio. Quiroga insistió en la relación frente a la oposición de los padres de la alumna y por fin obtuvo el permiso para casarse y llevarla a vivir a la selva con él. Los suegros de Quiroga, preocupados por los riesgos de la vida salvaje, siguieron al matrimonio y se trasladaron a Misiones con su hija y yerno. Así pues, el padre de Ana María, su madre y una amiga de esta se instalaron en una casa cercana a la vivienda del matrimonio Quiroga.

Un año después, en 1911 Ana María dio a luz a su primera hija, Eglé Quiroga, en su casa de la selva. Durante ese mismo año, el escritor comenzó la explotación de sus yerbatales en sociedad con su amigo uruguayo Vicente Gozalbo y, al mismo tiempo, fue nombrado juez de paz (funcionario encargado de mediar en disputas menores entre ciudadanos privados y celebrar matrimonios, emitir certificados de defunción, etc.) en el Registro Civil de San Ignacio. Las tareas de Quiroga como funcionario merecen mención aparte: olvidadizo, desorganizado y descuidado, tomó la costumbre de anotar las muertes, casamientos y nacimientos en pequeños trozos de papel que «archivaba" en una lata de galletas. Más tarde adjudicaría conductas similares al personaje de uno de sus cuentos.

Al año siguiente nació su hijo menor, Darío. En cuanto los niños aprendieron a caminar, Quiroga decidió ocuparse personalmente de su educación. Severo y dictatorial, exigía que cada pequeño detalle estuviese hecho según sus exigencias. Desde muy pequeños, los acostumbró al monte y a la selva, exponiéndolos a menudo – midiendo siempre los riesgos – al peligro, para que fueran capaces de desenvolverse solos y de salir de cualquier situación. Fue capaz de dejarlos solos en la jungla por la noche o de obligarlos a sentarse al borde de un alto acantilado con las piernas colgando en el vacío.

El varón y la niña, sin embargo, no se negaban a estas experiencias – que aterrorizaban y exasperaban a su madre – y las disfrutaban. La hija aprendió a criar animales silvestres y el niño a usar la escopeta, manejar una moto y navegar, solo, en una canoa.

Ana María Cires (1890-1915) se suicidó ingiriendo un sublimado empleado en el revelado fotográfico, que le provocó una agonía de ocho días en que fue atendida por Horacio. Muy afectado, apenas volvería a mencionar a su primera esposa. Tras el suicidio de su joven cónyuge, Quiroga se trasladó con sus hijos a Buenos Aires, donde recibió un cargo de secretario contador en el Consulado General uruguayo en esa ciudad, tras arduas gestiones de unos amigos orientales que deseaban ayudarlo.

A lo largo del año 1917 habitó con los niños en un sótano de la avenida Canning (hoy Raúl Scalabrini Ortiz) 164, alternando sus labores diplomáticas con la instalación de un taller en su vivienda y el trabajo en muchos relatos, que iban siendo publicados en prestigiosas revistas como las ya mencionadas, «P.B.T." y «Pulgarcito". La mayoría de ellos fueron recopilados por Quiroga en varios libros, el primero de los cuales fue Cuentos de amor de locura y de muerte (1917) (por decisión expresa del autor, el título no lleva coma). La redacción del libro le había sido solicitada por el escritor Manuel Gálvez, responsable de Cooperativa Editorial de Buenos Aires, y el volumen se convirtió de inmediato en un enorme éxito de público y de crítica, y consolidó a Quiroga como el verdadero maestro del cuento latinoamericano.

Al año siguiente se estableció en un pequeño departamento de la calle Agüero, al tiempo que apareció su celebrado Cuentos de la selva, colección de relatos infantiles protagonizados por animales y ambientados en la selva misionera. Quiroga dedicó este libro a sus hijos, que lo acompañaron durante ese período de pobreza en el húmedo sótano de dos pequeñas habitaciones y cocina-comedor.

Con dos importantes ascensos en el escalafón consular (primero a cónsul de distrito de segunda clase y luego a cónsul adscrito) llegó también su nuevo libro de cuentos, El salvaje (1919). Al año siguiente, siguiendo la idea del Consistorio, fundó Quiroga la Agrupación Anaconda, un grupo de intelectuales que realizaba actividades culturales en Argentina y Uruguay. Su única obra teatral (Las Sacrificadas) se publicó en 1920 y se estrenó en 1921, año en que salía a la venta Anaconda y otros cuentos, otro libro de cuentos. El importantísimo diario argentino La Nación comenzó también a publicar sus relatos, que a estas alturas gozaban ya de una impresionante popularidad. Colaboró también en La Novela Semanal. Entre 1922 y 1924, Quiroga participó como secretario de una embajada cultural a Brasil (cuya Academia de Letras lo distinguió especialmente) y, de regreso, vio publicado su nuevo libro: El desierto (cuentos).

Por mucho tiempo el escritor se dedicó a la crítica cinematográfica, teniendo a su cargo la sección correspondiente de las revistas Atlántida, El Hogar y La Nación. También escribió el guion para un largometraje («La jangada florida") que jamás llegó a filmarse. Poco tiempo después, fue invitado a formar una Escuela de Cinematografía. El proyecto, financiado por inversionistas rusos y que contaría con la inclusión de Arturo S. Mom, Gerchunoff y otros, no prosperó.

Poco después, Horacio regresó a Misiones. Nuevamente enamorado, esta vez era de una joven de 17 años, Ana María Palacio, intentó convencer a los padres de que la dejasen ir a vivir con él a la selva. La negativa de éstos y el consiguiente fracaso amoroso inspiró el tema de su segunda novela, Pasado amor, publicada en 1929. En ella narra, como componentes autobiográficos de la trama, las mil estratagemas que debió practicar para conseguir acceso a la muchacha: arrojando mensajes por la ventana dentro de una rama ahuecada, enviándole cartas escritas en clave e intentando cavar un largo túnel hasta su habitación para secuestrarla. Finalmente, cansados ya del pretendiente, los padres de la joven la llevaron lejos y Quiroga se vio obligado a renunciar a su amor. En una parte de su vivienda, Horacio instaló un taller en el que comenzó a construir una embarcación a la que bautizaría «Gaviota". En su casa – ahora convertida en astillero – fue capaz de concluir esta obra y, puesta ya en el agua, la pilotó río abajo desde San Ignacio hasta Buenos Aires y realizó con ella numerosas expediciones fluviales.

A principios de 1926 Quiroga volvió a Buenos Aires y alquiló una quinta en el partido suburbano de Vicente López. En la cúspide misma de su popularidad, una importante editorial le dedicó un homenaje, del que participaron, entre otros, figuras literarias como Arturo Capdevila, Baldomero Fernández Moreno, Benito Lynch, Juana de Ibarbourou, Armando Donoso y Luis Franco. Amante de la música clásica, Quiroga asistía con frecuencia a los conciertos de la Asociación Wagneriana, afición que alternó con la lectura incansable de textos técnicos y manuales sobre mecánica, física y artes manuales

Para 1927 Horacio había decidido criar y domesticar animales salvajes, mientras publicaba su nuevo libro de cuentos, quizá el mejor, Los desterrados. Pero el enamoradizo artista había fijado ya los ojos en la que sería su último y definitivo amor: María Elena Bravo, compañera de escuela de su hija Eglé, que sucumbió a sus reclamos y se casó con él en el curso de ese mismo año sin haber cumplido veinte años.

Además de los ya mencionados Leopoldo Lugones y José Enrique Rodó, la infatigable labor de Quiroga en el ámbito literario y cultural le granjeó la amistad y admiración de grandes e influyentes personalidades. De entre ellos se destacan la poeta argentina Alfonsina Storni y el escritor e historiador Ezequiel Martínez Estrada. Quiroga llamaba cariñosamente a este último «mi hermano menor".

Caras y Caretas, mientras tanto, publicó diecisiete artículos biográficos escritos por Quiroga, dedicados a personajes como Robert Scott, Luis Pasteur, Robert Fulton, H. G. Wells, Thomas de Quincey y otros. En 1929 Quiroga experimentó su único fracaso de ventas: la ya citada novela Pasado amor, que solo vendió en las librerías la exigua cantidad de cuarenta ejemplares. A la vez comenzó a tener graves problemas conyugales.

A partir de 1932 Quiroga se radicó por última vez en Misiones, en lo que sería su retiro definitivo, con su esposa y su tercera hija (María Helena, llamada «Pitoca"). Para ello, y no teniendo otros medios de vida, consiguió que se promulgase un decreto trasladando su cargo consular a una ciudad cercana. Los celos dominaban a Quiroga, quien pensó que en medio de la selva podría vivir tranquilo con su mujer y la hija de su segundo matrimonio.

Pero un avatar político provocó un cambio de gobierno, que no quiso los servicios del escritor y lo expulsó del consulado. Algunos amigos de Horacio, como el escritor salteño (de Salto, Uruguay) Enrique Amorim, tramitaron la jubilación argentina para Quiroga. Comenzando a partir de este problema, el intercambio epistolar entre Quiroga y Amorím se hizo numeroso. Las cartas que se conservan demuestran que Horacio hacía partícipe a su confidente de la mayor parte de sus problemas – casi todos de índole íntima y familiar – , pidiéndole consejos y ayuda: a la mujer de Quiroga – al igual que su infortunada antecesora – no le gustaba la vida en el monte y las peleas y violentas discusiones se volvieron diarias y permanentes.

En esta época de frustración y dolor salió a la venta una colección de cuentos ya publicados titulada Más allá (1935). A partir de su interés en las obras de Munthe e Ibsen, Quiroga se decantó por nuevos autores y estilos, y comenzó a planear su autobiografía.

En ese año de 1935 Quiroga comenzó a experimentar molestos síntomas, aparentemente vinculados con una prostatitis u otra enfermedad prostática. Las gestiones de sus amigos dieron frutos al año siguiente, concediéndosele una jubilación. Al intensificarse los dolores y dificultades para orinar, su esposa logró convencerle de trasladarse a Posadas, ciudad en la cual los médicos le diagnosticaron hipertrofia de próstata. Pero los problemas familiares de Quiroga continuarían: su esposa e hija lo abandonaron definitivamente, dejándole – solo y enfermo – en la selva. Ellas volvieron a Buenos Aires, y el ánimo del escritor decayó completamente ante esta grave pérdida.

Cuando el estado de la enfermedad prostática hizo que no pudiese aguantar más, Horacio viajó a Buenos Aires para que los médicos tratasen sus padecimientos. Internado en el prestigioso Hospital de Clínicas de Buenos Aires a principios de 1937, una cirugía exploratoria reveló que sufría de un caso avanzado de cáncer de próstata, intratable e inoperable. María Elena, entristecida, estuvo a su lado en los últimos momentos, así como gran parte de su numeroso grupo de amigos.

Por la tarde del 18 de febrero una junta de médicos explicó al literato la gravedad de su estado. Algo más tarde Quiroga pidió permiso para salir del hospital, lo que le fue concedido, y pudo así dar un largo paseo por la ciudad. Regresó al hospital a la hora 23:00. Al ser internado Quiroga en el Clínicas, se había enterado de que en los sótanos se encontraba encerrado un monstruo: un desventurado paciente con espantosas deformidades similares a las del tristemente célebre inglés Joseph Merrick (el «Hombre Elefante"). Compadecido, Quiroga exigió y logró que el paciente – llamado Vicente Batistessa – fuera libertado de su encierro y se le alojara en la misma habitación donde estaba internado el escritor. Como era de esperar, Batistessa se hizo amigo y rindió adoración eterna y un gran agradecimiento al gran cuentista.

Desesperado por los sufrimientos presentes y por venir, y comprendiendo que su vida había acabado, el soberbio Horacio Quiroga confió a Batistessa su decisión: se anticiparía al cáncer y abreviaría su dolor, a lo que el otro se comprometió a ayudarle. Esa misma madrugada (19 de febrero de 1937) y en presencia de su amigo, Horacio Quiroga bebió un vaso de cianuro que lo mató pocos minutos después entre espantosos dolores.[6]Su cadáver fue velado en la Casa del Teatro de la Sociedad Argentina de Escritores (SADE) que lo contó como fundador y vicepresidente. Tiempo después, sus restos fueron repatriados a su país natal. Uno de los deseos de Quiroga era que cuando muriera su cuerpo fuera cremado y sus cenizas esparcidas en la selva misionera.

Como sus familiares y amigos añoraban su regreso a Salto, resolvieron buscar algo que fuera simbólico y por eso decidieron hacer la urna en algarrobo y así se lo pidieron al escultor ruso Stepán Erzia. Erzia estuvo veinticuatro horas trabajando en esta pieza que se encuentra en el Museo Casa Quiroga en Salto, Uruguay.

El oscuro destino que parecía perseguirlo se concretó incluso tras su muerte: sus dos hijos mayores también se suicidaron. Eglé un año después, en 1937, y Darío en 1952.

Seguidor de la escuela modernista fundada por Rubén Darío y obsesivo lector de Edgar Allan Poe y Guy de Maupassant, Quiroga se sintió atraído por temas que abarcaban los aspectos más extraños de la naturaleza, a menudo teñidos de horror, enfermedad y sufrimiento para los seres humanos. Muchos de sus relatos pertenecen a esta corriente, cuya obra más emblemática es la colección Cuentos de amor de locura y de muerte.

Por otra parte se percibe en Quiroga la influencia del británico Rudyard Kipling (El libro de la selva), que cristalizaría en su propio Cuentos de la selva, delicioso ejercicio de fantasía dividido en varios relatos protagonizados por animales. Su Decálogo del perfecto cuentista, dedicado a los escritores noveles, establece ciertas contradicciones con su propia obra. Mientras que el decálogo pregona un estilo económico y preciso, empleando pocos adjetivos, redacción natural y llana y claridad en la expresión, en muchas de sus relatos Quiroga no sigue sus propios preceptos, utilizando un lenguaje recargado, con abundantes adjetivos y un vocabulario por momentos ostentoso.

Al desarrollarse aún más su particular estilo, Quiroga evolucionó hacia el retrato realista (casi siempre angustioso y desesperado) de la salvaje naturaleza que le rodeaba en Misiones: la jungla, el río, la fauna, el clima y el terreno forman el andamiaje y el decorado en que sus personajes se mueven, padecen y a menudo mueren. Especialmente en sus relatos, Quiroga describe con arte y humanismo la tragedia que persigue a los miserables obreros rurales de la región, los peligros y padecimientos a que se ven expuestos y el modo en que se perpetúa este dolor existencial a las generaciones siguientes. Trató, además, muchos temas considerados tabú en la sociedad de principios del siglo XX, revelándose como un escritor arriesgado, desconocedor del miedo y avanzado en sus ideas y tratamientos. Estas particularidades siguen siendo evidentes al leer sus textos hoy en día.

Algunos estudiosos de la obra de Quiroga opinan que la fascinación con la muerte, los accidentes y la enfermedad (que lo relaciona con Edgar Allan Poe y Baudelaire) se debe a la vida increíblemente trágica que le tocó en suerte. Sea esto cierto o no, en verdad Horacio Quiroga ha dejado para la posteridad algunas de las piezas más terribles, brillantes y trascendentales de la literatura hispanoamericana del siglo XX.

En su primer libro, Los arrecifes de coral, compuesto por dieciocho poemas, treinta páginas de prosa poética y cuatro relatos, Quiroga pone en evidencia su inmadurez y confusión adolescente. Punto aparte para los relatos, en los cuales está ya en germen el estilo modernista y naturalista que identificaría al resto de su obra. Sus dos novelas Historia de un amor turbio y Pasado amor tratan sobre el mismo tema – que obsesionaba al autor en su vida personal – : los amores entre hombres maduros y jovencitas adolescentes.

En la primera de ellas Quiroga divide la acción en tres etapas. En la primera, una niña de nueve años se enamora de un hombre adulto. En la segunda parte, el hombre, que no se había percatado del amor de la niña, pasados ocho años (ella tiene ahora diecisiete) comienza a cortejarla. En la tercera parte el hombre narra la última etapa de su amor: han pasado diez años desde que la joven lo ha abandonado. La acción se inicia aquí: es el tiempo presente de la novela. En Pasado amor la historia se repite: un hombre maduro regresa a un lugar luego de años de ausencia y se enamora de una jovencita a la que había amado siendo niña.

Conociendo la historia personal de Quiroga, se evidencian las características autobiográficas de ambas novelas: hasta el nombre de la protagonista de Historia de un amor turbio es Eglé (así se llamaba la hija de Quiroga, de una de cuyas compañeritas se enamoró el escritor y que llegaría a ser su segunda esposa). Los avatares sentimentales de Quiroga con muchachas muy jóvenes pueblan el drama de estas dos novelas, con especial hincapié en la oposición de sus padres, rechazo que Quiroga había aceptado como parte integrante de su vida y con el que debió lidiar siempre.

Dejando a un lado el teatro de Quiroga, poco difundido y al que los críticos siempre han llamado «un error", lo más trascendente de su obra son los cuentos cortos, género en que el autor alcanza la madurez, impulsando en el mismo sentido a toda la narrativa latinoamericana. Es Horacio Quiroga el primero que se preocupa por los aspectos técnicos de la narrativa breve, puliendo incansablemente su estilo (para lo cual vuelve y rebusca siempre sobre los mismos temas) hasta alcanzar la casi perfección formal de sus últimas obras.

Claramente influido por Rubén Darío y los modernistas, poco a poco el modernismo del oriental comienza a volverse decadente, describiendo a la naturaleza con minuciosa precisión, pero dejando en claro que la relación de ella con el hombre siempre representa un conflicto. Extravíos, lesiones, miseria, fracasos, hambre, muerte, ataques de animales, todo en Quiroga plantea el enfrentamiento entre naturaleza y hombre, tal como lo hacían los griegos entre hombre y destino. La naturaleza hostil, por supuesto, casi siempre vence en la narrativa quiroguiana.

La morbosa obsesión de Quiroga por el tormento y la muerte es aceptada mucho más fácilmente por los personajes que por el lector: la técnica narrativa del autor presenta protagonistas acostumbrados al riesgo y al peligro, que juegan según reglas claras y específicas. Saben que no deben cometer errores porque la selva no perdona, y, al caer, lo hacen con algo de «espíritu deportivo" y suelen morir, dejando al lector ansioso y angustiado.

La naturaleza es ciega pero justa; los ataques sobre el campesino o el pescador (un enjambre de abejas enfurecidas, un yacaré, un parásito hematófago, una serpiente, la crecida, lo que fuese) son simplemente lances de un juego espantoso en el que el hombre intenta arrancar a la naturaleza unos bienes o recursos (como intentó Quiroga en la vida real) que ella se niega en redondo a soltar; una lucha desigual que suele terminar con la derrota humana, la demencia, las muertes o, simplemente, con la desilusión.

Hipersensible y excitable, dado a amores imposibles, frustrado en sus empresas comerciales pero aun así emocional y sumamente creativo, Quiroga abrevó en su propia vida trágica y en la naturaleza a la que estudió y padeció, con su férrea voluntad de trabajador y su sutil mirada de minucioso observador para construir una obra narrativa a la que la mayor parte de los críticos consideraron (y aún consideran) «poéticamente autobiográfica". Tal vez en este «realismo interno" u «orgánico" de las piezas de Quiroga resida el irresistible encanto que aún hoy ejercen sobre los lectores, que, sin darse cuenta, descubren en sus páginas la verdadera naturaleza del escritor que, tal vez como muy pocos en la literatura latinoamericana, fue capaz de susurrar sus propias palabras al oído, aunque a veces el murmullo se transforme en un grito desesperado.

El vampiro

Sí – dijo el abogado Rhode – . Yo tuve esa causa. Es un caso, bastante raro por aquí, de vampirismo. Rogelio Castelar, un hombre hasta entonces normal fuera de algunas fantasías, fue sorprendido una noche en el cementerio arrastrando el cadáver recién enterrado de una mujer. El individuo tenía las manos destrozadas porque había removido un metro cúbico de tierra con las uñas. En el borde de la fosa yacían los restos del ataúd, recién quemado. Y como complemento macabro, un gato, sin duda forastero, yacía por allí con los riñones rotos. Como ven, nada faltaba al cuadro.

En la primera entrevista con el hombre vi que tenía que habérmelas con un fúnebre loco. Al principio se obstinó en no responderme, aunque sin dejar un instante de asentir con la cabeza a mis razonamientos. Por fin pareció hallar en mí al hombre digno de oírle. La boca le temblaba por la ansiedad de comunicarse.

– ¡Ah! ¡Usted me entiende! – exclamó, fijando en mí sus ojos de fiebre. Y continuó con un vértigo de que apenas puede dar idea lo que recuerdo:

– ¡A usted le diré todo! ¡Sí! ¿Qué cómo fue eso del ga... de la gata? ¡Yo! ¡Solamente yo!

– Óigame: Cuando yo llegué.. . allá, mi mujer...

– ¿Dónde allá? – le interrumpí.

– Allá... ¿La gata o no? ¿Entonces?... Cuando yo llegué mi mujer corrió como una loca a abrazarme. Y en seguida se desmayó. Todos se precipitaron entonces sobre mí, mirándome con ojos de locos.

¡Mi casa! ¡Se había quemado, derrumbado, hundido con todo lo que tenía dentro! ¡Ésa, ésa era mi casa! ¡Pero ella no, mi mujer mía!

Entonces un miserable devorado por la locura me sacudió el hombro, gritándome:

– ¿Qué hace? ¡Conteste!

Y yo le contesté:

– ¡Es mi mujer! ¡Mi mujer mía que se ha salvado!

Entonces se levantó un clamor:

– ¡No es ella! ¡Ésa no es!

Sentí que mis ojos, al bajarse a mirar lo que yo tenía entre mis brazos, querían saltarse de las órbitas ¿No era ésa María, la María de mí, y desmayada? Un golpe de sangre me encendió los ojos y de mis brazos cayó una mujer que no era María. Entonces salté sobre una barrica y dominé a todos los trabajadores. Y grité con la voz ronca:

– ¡Por qué! ¡Por qué!

Ni uno solo estaba peinado porque el viento les echaba a todos el pelo de costado. Y los ojos de fuera mirándome.

Entonces comencé a oír de todas partes:

– Murió.

– Murió aplastada.

– Murió.

– Gritó.

– Gritó una sola vez.

– Yo sentí que gritaba.

– Yo también.

– Murió.

– La mujer de él murió aplastada.

– ¡Por todos los santos! – grité yo entonces retorciéndome las manos – . ¡Salvémosla, compañeros! ¡Es un deber nuestro salvarla!

Y corrimos todos. Todos corrimos con silenciosa furia a los escombros. Los ladrillos volaban, los marcos caían desescuadrados y la remoción avanzaba a saltos.

A las cuatro yo solo trabajaba. No me quedaba una uña sana, ni en mis dedos había otra cosa que escarbar.

¡Pero en mi pecho! ¡Angustia y furor de tremebunda desgracia que temblaste en mi pecho al buscar a mi María!

No quedaba sino el piano por remover. Había allí un silencio de epidemia, una enagua caída y ratas muertas. Bajo el piano tumbado, sobre el piso granate de sangre y carbón, estaba aplastada la sirvienta.

Yo la saqué al patio, donde no quedaban sino cuatro paredes silenciosas, viscosas de alquitrán y agua. El suelo resbaladizo reflejaba el cielo oscuro. Entonces cogí a la sirvienta y comencé a arrastrarla alrededor del patio.

Eran míos esos pasos. ¡Y qué pasos! ¡Un paso, otro paso otro paso!

En el hueco de una puerta – carbón y agujero, nada más – estaba acurrucada la gata de casa, que había escapado al desastre, aunque estropeada. La cuarta vez que la sirvienta y yo pasamos frente a ella, la gata lanzó un aullido de cólera.

¡Ah! ¿No era yo, entonces?, grité desesperado. ¿No fui yo el que buscó entre los escombros, la ruina y la mortaja de los marcos, un solo pedazo de mi María!

La sexta vez que pasamos delante de la gata, el animal se erizó. La séptima vez se levantó, llevando a la rastra las patas de atrás. Y nos siguió entonces así, esforzándose por mojar la lengua en el pelo engrasado de la sirvienta – ¡de ella, de María, no maldito rebuscador de cadáveres!

– ¡Rebuscador de cadáveres! – repetí yo mirándolo –. ¡Pero entonces eso fue en el cementerio!

El vampiro se aplastó entonces el pelo mientras me miraba con sus inmensos ojos de loco.

– ¡Conque sabías entonces! – articuló – . ¡Conque todos lo saben y me dejan hablar una hora! ¡Ah! – rugió en un sollozo echando la cabeza atrás y deslizándose por la pared hasta caer sentado — : ¡Pero quién me dice al miserable yo, aquí, por qué en mi casa me arranqué las uñas para no salvar del alquitrán ni el pelo colgante de mi María!

No necesitaba más, como ustedes comprenden — concluyó el abogado — , para orientarme totalmente respecto del individuo. Fue internado en seguida. Hace ya dos años de esto, y anoche ha salido, perfectamente curado...

— ¿Anoche? — exclamó un hombre joven de riguroso luto — . ¿Y de noche se da de alta a los locos?

— ¿Por qué no? El individuo está curado, tan sano como usted y como yo. Por lo demás, si reincide, lo que es de regla en estos vampiros, a estas horas debe de estar ya en funciones. Pero estos no son asuntos míos. Buenas noches, señores.

A la deriva

El hombre pisó algo blanduzco, y enseguida sintió la mordedura en el pie. Saltó adelante, y al volverse con un juramento vio una yararacusú que arrollada sobre sí misma, esperaba otro ataque.

El hombre echó una veloz ojeada a su pie, donde dos gotitas de sangre engrosaban dificultosamente, y sacó el machete de la cintura. La víbora vio la amenaza, y hundió más la cabeza en el centro mismo de su espiral; pero el machete cayó de plano, dislocándole las vértebras.

El hombre se bajó hasta la mordedura, quitó las gotitas de sangre, y durante un instante contempló. Un dolor agudo nacía de los dos puntitos violetas, y comenzaba a invadir todo el pie. Apresuradamente se ligó el tobillo con su pañuelo y siguió por la picada hacia su rancho.

El dolor en el pie aumentaba, con sensación de tirante abultamiento, y de pronto el hombre sintió dos o tres fulgurantes puntadas que, como relámpagos habían irradiado desde la herida hasta la mitad de la pantorrilla. Movía la pierna con dificultad; una metálica sequedad de garganta, seguida de sed quemante, le arrancó un nuevo juramento.

Llegó por fin al rancho, y se echó de brazos sobre la rueda de un trapiche. Los dos puntitos violeta desaparecían ahora en la monstruosa hinchazón del pie entero. La piel parecía adelgazada y a punto de ceder, de tensa. Quiso llamar a su mujer, y la voz se quebró en un ronco arrastre de garganta reseca. La sed lo devoraba.

– ¡Dorotea! – alcanzó a lanzar en un estertor – . ¡Dame caña!

Su mujer corrió con un vaso lleno, que el hombre sorbió en tres tragos. Pero no había sentido gusto alguno.

– ¡Te pedí caña, no agua! – rugió de nuevo – ¡Dame caña!

– ¡Pero es caña, Paulino! – protestó la mujer espantada.

– ¡No, me diste agua! ¡Quiero caña, te digo!

La mujer corrió otra vez, volviendo con la damajuana. El hombre tragó uno tras otro dos vasos, pero no sintió nada en la garganta.

– Bueno; esto se pone feo – murmuró entonces, mirando su pie lívido y ya con lustre gangrenoso. Sobre la honda ligadura del pañuelo, la carne desbordaba como una monstruosa morcilla.

Los dolores fulgurantes se sucedían en continuos relampagueos, y llegaban ahora a la ingle. La atroz sequedad de garganta que el aliento parecía caldear más, aumentaba a la par. Cuando pretendió incorporarse, un fulminante vómito lo mantuvo medio minuto con la frente apoyada en la rueda de palo.

Pero el hombre no quería morir, y descendiendo hasta la costa subió a su canoa. Sentóse en la popa y comenzó a palear hasta el centro del Paraná. Allí la corriente del río, que en las inmediaciones del Iguazú corre seis millas, lo llevaría antes de cinco horas a Tacurú-Pucú.

El hombre, con sombría energía, pudo efectivamente llegar hasta el medio del río; pero allí sus manos dormidas dejaron caer la pala en la canoa, y tras un nuevo vómito – de sangre esta vez – dirigió una mirada al sol que ya trasponía el monte.

La pierna entera, hasta medio muslo, era ya un bloque deforme y durísimo que reventaba la ropa. El hombre cortó la ligadura y abrió el pantalón con su cuchillo: el bajo vientre desbordó hinchado, con grandes manchas lívidas y terriblemente doloroso. El hombre pensó que no podría jamás llegar él solo a Tacurú-Pucú, y se decidió a pedir ayuda a su compadre Alves, aunque hacía mucho tiempo que estaban disgustados.

La corriente del río se precipitaba ahora hacia la costa brasileña, y el hombre pudo fácilmente atracar. Se arrastró por la picada en cuesta arriba, pero a los veinte metros, exhausto, quedó tendido de pecho.

– ¡Alves! – gritó con cuanta fuerza pudo; y prestó oído en vano-. ¡Compadre Alves! ¡No me niegue este favor! – clamó de nuevo, alzando la cabeza del suelo. En el silencio de la selva no se oyó un solo rumor. El hombre tuvo aún valor para llegar hasta su canoa, y la corriente, cogiéndola de nuevo, la llevó velozmente a la deriva.

El Paraná corre allí en el fondo de una inmensa hoya, cuyas paredes, altas de cien metros, encajonan fúnebremente el río. Desde las orillas bordeadas de negros bloques de basalto, asciende el bosque, negro también. Adelante, a los costados, atrás, la eterna muralla lúgubre, en cuyo fondo el río arremolinado se precipita en incesantes borbollones de agua fangosa. El paisaje es agresivo, y reina en él un silencio de muerte. Al atardecer, sin embargo, su belleza sombría y calma cobra una majestad única.

El sol había caído ya cuando el hombre, semitendido en el fondo de la canoa, tuvo un violento escalofrío. Y de pronto, con asombro, enderezó pesadamente la cabeza: se sentía mejor. La pierna le dolía apenas, la sed disminuía, y su pecho, libre ya, se abría en lenta inspiración.

El veneno comenzaba a irse, no había duda. Se hallaba casi bien, y aunque no tenía fuerzas para mover la mano, contaba con la caída del rocío para reponerse del todo. Calculó que antes de tres horas estaría en Tacurú-Pucú.

El bienestar avanzaba, y con él una somnolencia llena de recuerdos. No sentía ya nada ni en la pierna ni en el vientre. ¿Viviría aún su compadre Gaona en Tacurú-Pucú? Acaso viera también a su ex patrón mister Dougald, y al recibidor del obraje.

¿Llegaría pronto? El cielo, al poniente, se abría ahora en pantalla de oro, y el río se había coloreado también. Desde la costa paraguaya, ya entenebrecida, el monte dejaba caer sobre el río su frescura crepuscular, en penetrantes efluvios de azahar y miel silvestre. Una pareja de guacamayos cruzó muy alto y en silencio hacia el Paraguay.

Allá abajo, sobre el río de oro, la canoa derivaba velozmente, girando a ratos sobre sí misma ante el borbollón de un remolino. El hombre que iba en ella se sentía cada vez mejor, y pensaba entretanto en el tiempo justo que había pasado sin ver a su ex patrón Dougald. ¿Tres años? Tal vez no, no tanto. ¿Dos años y nueve meses? Acaso. ¿Ocho meses y medio? Eso sí, seguramente.

De pronto sintió que estaba helado hasta el pecho. ¿Qué sería? Y la respiración también...

Al recibidor de maderas de mister Dougald, Lorenzo Cubilla, lo había conocido en Puerto Esperanza un viernes santo... ¿Viernes? Sí, o jueves...

El hombre estiró lentamente los dedos de la mano.

– Un jueves...

Y cesó de respirar.

La cámara oscura

Una noche de lluvia nos llegó al bar de las ruinas la noticia de que nuestro juez de paz, de viaje en Buenos Aires, había sido víctima del cuento del tío y regresaba muy enfermo.

Ambas noticias nos sorprendieron, porque jamás pisó Misiones mozo más desconfiado que nuestro juez, y nunca habíamos tomado en serio su enfermedad: asma, y para su frecuente dolor de muelas, cognac en buches, que no devolvía. ¿Cuentos del tío a él? Había que verlo.

Ya conté en la historia del medio litro de alcohol carburado que bebieron don Juan Brown y su socio Rivet, el incidente de naipes en que actuó el juez de paz.

Llamábase este funcionario Malaquías Sotelo. Era un indio de baja estatura y cuello muy corto, que parecía sentir resistencia en la nuca para enderezar la cabeza. Tenía fuerte mandíbula y la frente tan baja que el pelo corto y rígido como alambre le arrancaba en línea azul a dos dedos de las cejas espesas. Bajo éstas, dos ojillos hundidos que miraban con eterna desconfianza, sobre todo cuando el asma los anegaba de angustia. Sus ojos se volvían entonces a uno y otro lado con jadeante recelo de animal acorralado, y uno evitaba con gusto mirarlo en tales casos.

Fuera de esta manifestación de su alma indígena, era un muchacho incapaz de malgastar un centavo en lo que fuere, y lleno de voluntad.

Había sido desde muchacho soldado de policía en la campaña de Corrientes. La ola de desasosiego, que como un viento norte sopla sobre el destino de los individuos en los países extremos, lo empujó a abandonar de golpe su oficio por el de portero del juzgado letrado de Posadas. Allí, sentado en el zaguán, aprendió solo a leer en La Nación y La Prensa. No faltó quien adivinara las aspiraciones de aquel indiecito silencioso, y dos lustros más tarde lo hallamos al frente del juzgado de paz de Iviraromí.

Tenía una cierta cultura adquirida a hurtadillas, bastante superior a la que demostraba, y en los últimos tiempos había comprado la Historia Universalde César Cantú. Pero esto lo supimos después, en razón del sigilo con que ocultaba de las burlas ineludibles sus aspiraciones a doctor.

A caballo (jamás se lo vio caminar dos cuadras), era el tipo mejor vestido del lugar. Pero en su rancho andaba siempre descalzo, y al atardecer leía a la vera del camino real en un sillón de hamaca calzado sin medias con mocasines de cuero que él mismo se fabricaba. Tenía algunas herramientas de talabartería, y soñaba con adquirir una máquina de coser calzado.

Mi conocimiento con él databa desde mi llegada misma al país, cuando el juez visitó una tarde mi taller a averiguar, justo al final de la ceremoniosa visita, qué procedimiento más rápido que el tanino conocía yo para curtir cuero de carpincho (sus zapatillas), y menos quemante que el bicromato.

En el fondo, el hombre me quería poco o por lo menos desconfiaba de mí. Y esto supongo que provino de cierto banquete con que los aristócratas de la región – plantadores de yerba, autoridades y bolicheros – festejaron al poco tiempo de mi llegada una fiesta patria en la plaza de las ruinas jesuíticas, a la vista y rodeados de mil pobres diablos y criaturas ansiosas, banquete al que no asistí, pero que presencié en todos sus aspectos, en compañía de un carpintero tuerto que una noche negra se había vaciado un ojo por estornudar con más alcohol del debido sobre un alambrado de púa, y de un cazador brasileño, una vieja y huraña bestia de monte que después de mirar de reojo por tres meses seguidos mi bicicleta, había concluido por murmurar:

– Cavalho de pão...

Lo poco protocolar de mi compañía y mi habitual ropa de trabajo que no abandoné en el día patrio – esto último sobre todo – fueron sin duda las causas del recelo que nunca se desprendió a mi respecto el juez de paz.

Se había casado últimamente con Elena Pilsudski, una polaquita muy joven que lo seguía desde ocho años atrás, y que cosía la ropa de sus chicos con el hilo de talabartero de su marido. Trabajaba desde el amanecer hasta la noche como un peón (el juez tenía buen ojo), y recelaba de todos los visitantes, a quienes miraba de un modo abierto y salvaje, no muy distinto del de sus terneras que apenas corrían más que su dueña cuando ésta, con la falda a la cintura y los muslos al aire, volaba tras ellas al alba por entre el alto espartillo empapado en agua.

Otro personaje había aún en la familia, bien que no honrara a Iviraromí con su presencia sino de tarde en tarde: don Estanislao Pilsudski, suegro de Sotelo.

Era éste un polaco cuya barba lacia seguía los ángulos de su flaca cara, calzado siempre de botas nuevas y vestido con un largo saco negro a modo de caftán. Sonreía sin cesar, presto a adelantarse a la opinión del más pobre ser que le hablara; constituyendo esto su característica de viejo zorro. En sus estadías entre nosotros no faltaba una sola noche al bar, con una vara siempre distinta si hacía buen tiempo, y con un paraguas si llovía. Recorría las mesas de juego, deteniéndose largo rato en cada una para ser grato a todos; o se paraba ante el billar con las manos por detrás y bajo del saco, balanceándose y aprobando toda carambola, pifiada o no. Le llamábamos Corazón-Lindito a causa de ser ésta su expresión habitual para calificar la hombría de bien de un sujeto.

Naturalmente, el juez de paz había merecido antes que nadie tal expresión, cuando Sotelo, propietario y juez, se casó por amor a sus hijos con Elena; pero a todos nosotros alcanzaban también las efusiones de almibarado rapaz.

Tales son los personajes que intervienen en el asunto fotográfico que es el tema de este relato.

Como dije al principio, la noticia del cuento del tío sufrido por el juez no había hallado entre nosotros la menor acogida. Sotelo era la desconfianza y el recelo mismos: y por más provinciano que se sintiera en el Paseo de Julio, ninguno de nosotros hallaba en él madera ablandable por cuento alguno. Se ignoraba también la procedencia del chisme; había subido, seguramente, desde Posadas, como la noticia de su regreso y de su enfermedad, que desgraciadamente era cierta.

Yo lo supe el primero de todos al volver a casa una mañana con la azada al hombro. Al cruzar el camino real al puerto nuevo, un muchacho detuvo en el puente el galope de su caballo blanco para contarme que el juez de paz había llegado la noche anterior en un vapor de la carrera al Iguazú, y que lo habían bajado en brazos porque venía muy enfermo. Y que iba a avisar a su familia para que lo llevaran en un carro.

– ¿Pero qué tiene? – pregunté al chico.

– Yo no sé – repuso el muchacho – . No puede hablar... tiene una cosa en el resuello...

Por seguro que estuviera yo de la poca voluntad de Sotelo hacia mí, y de que su decantada enfermedad no era otra cosa que un vulgar acceso de asma, decidí ir a verlo. Ensillé, pues, mi caballo, y en diez minutos estaba allá.

En el puerto nuevo de Iviraromí se levanta un gran galpón nuevo que sirve de depósito de yerba, y se arruina un chalet deshabitado que en un tiempo fue almacén y casa de huéspedes. Ahora está vacío, sin que se halle en las piezas muy oscuras otra cosa que alguna guarnición mohosa de coche, y un aparato telefónico por el suelo.

En una de estas piezas encontré a nuestro juez acostado vestido en un catre sin saco. Estaba casi sentado, con la camisa abierta y el cuello postizo desprendido, aunque sujeto aún por detrás. Respiraba como respira un asmático en un violento acceso, lo que no es agradable de contemplar. Al verme agitó la cabeza en la almohada, levantó un brazo que se movió en desorden y después el otro, que se llevó convulso a la boca. Pero no pudo decirme nada.

Fuera de sus facies, del hundimiento insondable de sus ojos y del afilamiento terroso de la nariz, algo sobre todo atrajo mi mirada: sus manos, saliendo a medias del puño de la camisa, descarnadas y con las uñas azules; los dedos lívidos y pegados que comenzaban a arquearse sobre la sábana.

Lo miré más atentamente, y vi entonces, me di clara cuenta de que el juez tenía los segundos contados, que se moría, que en ese mismo instante se estaba muriendo. Inmóvil a los pies del catre, lo vi tantear algo en la sábana, y como si no lo hallara, hincar despacio las uñas. Lo vi abrir la boca, mover lentamente la cabeza y fijar los ojos con algún asombro en un costado del techo, y detener allí la mirada, hasta ahora fija, en el techo de cinc por toda la eternidad.

¡Muerto! En el breve tiempo de diez minutos yo había salido silbando de casa a consolar al pusilánime juez que hacía buches de caña entre dolor de muelas y ataque de asma y volvía con los ojos duros por la efigie de un hombre que había esperado justo mi presencia para confiarme el espectáculo de su muerte.

Yo sufro muy vivamente estas impresiones. Cuantas veces he podido hacerlo, he evitado mirar un cadáver. Un muerto es para mí algo muy distinto de un cuerpo que acaba simplemente de perder la vida. Es otra cosa, una materia horriblemente inerte, amarilla y helada, que recuerda a alguien que hemos conocido. Se comprenderá así mi disgusto ante el brutal y gratuito cuadro con que me había honrado el desconfiado juez.

Quedé el resto de la mañana en casa, oyendo el ir y venir de los caballos al galope; y muy tarde ya, cerca de mediodía, vi pasar en un carro de playa tirado a gran trote por tres mulas, a Elena y su padre que iban de pie saltando prendidos a la baranda.

Ignoro aún por qué la polaquita no acudió más pronto a ver a su difunto marido. Tal vez su padre dispuso así las cosas para hacerlas en forma: viaje de ida con la viuda en el carro, y regreso en el mismo con el muerto bailoteando en el fondo. Se gastaba así menos. Esto lo vi bien cuando a la vuelta Corazón-Lindito hizo parar el carro para bajar en casa a hablarme moviendo los brazos:

– ¡Ah, señor! ¡Qué cosa! Nunca tuvimos en Misiones un juez como él. ¡Y era bueno, sí! ¡Lindito-corazón tenía! Y le han robado todo. Aquí en el puerto... No tiene plata, no tiene nada.

Ante sus ojeadas evitando mirarme en los ojos, comprendí la terrible preocupación del polaco que desechaba como nosotros el cuento de la estafa en Buenos Aires, para creer que en el puerto mismo, antes o después de muerto, su yerno había sido robado.

– ¡Ah, señor! – cabeceaba – . Llevaba quinientos pesos. ¿Y qué gastó? ¡Nada, señor! ¡Él tenía un corazón lindito! Y trae veinte pesos. ¿Cómo puede ser eso?

Y tornaba a fijar la mirada en mis botas para no subirla hasta los bolsillos del pantalón, donde podía estar el dinero de su yerno. Le hice ver a mi modo la imposibilidad de que yo fuera el ladrón – por simple falta de tiempo – , y la vieja garduña se fue hablando consigo misma.

Todo el resto de esta historia es una pesadilla de diez horas. El entierro debía efectuarse esa misma tarde al caer el sol. Poco antes vino a casa la chica mayor de Elena a rogarme de parte de su madre que fuera a sacar un retrato al juez. Yo no lograba apartar de mis ojos al individuo dejando caer la mandíbula y fijando a perpetuidad la mirada en un costado del techo, para que yo no tuviera dudas de que no podía moverse más porque estaba muerto. Y he aquí que debía verla de nuevo, reconsiderarlo, enfocarlo y revelarlo en mi cámara oscura.

¿Pero cómo privar a Elena del retrato de su marido, el único que tendría de él?

Cargué la máquina con dos placas y me encaminé a la casa mortuoria. Mi carpintero tuerto había construido un cajón todo en ángulos rectos, y dentro estaba metido el juez sin que sobrara un centímetro en la cabeza ni en los pies, las manos verdes cruzadas a la fuerza sobre el pecho.

Hubo que sacar el ataúd de la pieza muy oscura del juzgado y montarlo casi vertical en el corredor lleno de gente, mientras dos peones lo sostenían de la cabecera. De modo que bajo el velo negro tuve que empapar mis nervios sobreexcitados en aquella boca entreabierta, más negra hacia el fondo más que la muerte misma; en la mandíbula retraída hasta dejar el espacio de un dedo entre ambas dentaduras; en los ojos de vidrio opaco bajo las pestañas como glutinosas e hinchadas; en toda la crispación de aquella brutal caricatura de hombre.

La tarde caía ya y se clavó aprisa el cajón. Pero no sin que antes viéramos venir a Elena trayendo a la fuerza a sus hijos para que besaran a su padre. El chico menor se resistía con tremendos alaridos, llevado a la rastra por el suelo. La chica besó a su padre, aunque sostenida y empujada de la espalda; pero con un horror tal ante aquella horrible cosa en que querían viera a su padre, que a estas horas, si aún vive, debe recordarlo con igual horror.

Yo no pensaba ir al cementerio, y lo hice por Elena. La pobre muchacha seguía inmediatamente al carrito de bueyes entre sus hijos, arrastrando de una mano a su chico que gritó en todo el camino, y cargando en el otro brazo a su infante de ocho meses. Como el trayecto era largo y los bueyes trotaban casi, cambió varias veces de brazo rendido con el mismo presuroso valor. Detrás Corazón-Lindito recorría el séquito lloriqueando con cada uno por el robo cometido.

Se bajó el cajón a la tumba recién abierta y poblada de gruesas hormigas que trepaban por las paredes. Los vecinos contribuyeron al paleo de los enterradores con un puñado de tierra húmeda, no faltando quien pusiera en manos de la huérfana una caritativa mota de tierra. Pero Elena, que hamacaba desgreñada a su infante, corrió desesperada a evitarlo:

– ¡No, Elenita! ¡No eches tierra sobre tu padre!

La fúnebre ceremonia concluyó; pero no para mí. Dejaba pasar las horas sin decidirme a entrar en el cuarto oscuro. Lo hice por fin, tal vez a medianoche. No había nada de extraordinario para una situación normal de nervios en calma. Solamente que yo debía revivir al individuo ya enterrado que veía en todas partes; debía encerrarme con él, solos los dos en una apretadísima tiniebla; lo sentí surgir poco a poco ante mis ojos y entreabrir la negra boca bajo mis dedos mojados; tuve que balancearlo en la cubeta para que despertara de bajo tierra y se grabara ante mí en la otra placa sensible de mi horror.

Concluí, sin embargo. Al salir afuera, la noche libre me dio la impresión de un amanecer cargado de motivos de vida y de esperanzas que había olvidado. A dos pasos de mí, los bananos cargados de flores dejaban caer sobre la tierra las gotas de sus grandes hojas pesadas de humedad. Más lejos, tras el puente, la mandioca ardida se erguía por fin eréctil, perlada de rocío. Más allá aun, por el valle que descendía hasta el río, una vaga niebla envolvía la plantación de yerba, se alzaba sobre el bosque, para confundirse allá abajo con los espesos vapores que ascendían del Paraná tibio.

Todo esto me era bien conocido, pues era mi vida real. Y caminando de un lado a otro, esperé tranquilo el día para recomenzarla.

La gallina degolada

Todo el día, sentados en el patio en un banco, estaban los cuatro hijos idiotas del matrimonio Mazzini-Ferraz. Tenían la lengua entre los labios, los ojos estúpidos y volvían la cabeza con la boca abierta.

El patio era de tierra, cerrado al oeste por un cerco de ladrillos. El banco quedaba paralelo a él, a cinco metros, y allí se mantenían inmóviles, fijos los ojos en los ladrillos. Como el sol se ocultaba tras el cerco, al declinar los idiotas tenían fiesta. La luz enceguecedora llamaba su atención al principio, poco a poco sus ojos se animaban; se reían al fin estrepitosamente, congestionados por la misma hilaridad ansiosa, mirando el sol con alegría bestial, como si fuera comida.

Otra veces, alineados en el banco, zumbaban horas enteras, imitando al tranvía eléctrico. Los ruidos fuertes sacudían asimismo su inercia, y corrían entonces, mordiéndose la lengua y mugiendo, alrededor del patio. Pero casi siempre estaban apagados en un sombrío letargo de idiotismo, y pasaban todo el día sentados en su banco, con las piernas colgantes y quietas, empapando de glutinosa saliva el pantalón.

El mayor tenía doce años, y el menor ocho. En todo su aspecto sucio y desvalido se notaba la falta absoluta de un poco de cuidado maternal.

Esos cuatro idiotas, sin embargo, habían sido un día el encanto de sus padres. A los tres meses de casados, Mazzini y Berta orientaron su estrecho amor de marido y mujer, y mujer y marido, hacia un porvenir mucho más vital: un hijo: ¿Qué mayor dicha para dos enamorados que esa honrada consagración de su cariño, libertado ya del vil egoísmo de un mutuo amor sin fin ninguno y, lo que es peor para el amor mismo, sin esperanzas posibles de renovación?

Así lo sintieron Mazzini y Berta, y cuando el hijo llegó, a los catorce meses de matrimonio, creyeron cumplida su felicidad. La criatura creció bella y radiante, hasta que tuvo año y medio. Pero en el vigésimo mes sacudiéronlo una noche convulsiones terribles, y a la mañana siguiente no conocía más a sus padres. El médico lo examinó con esa atención profesional que está visiblemente buscando las causas del mal en las enfermedades de los padres.

Después de algunos días los miembros paralizados recobraron el movimiento; pero la inteligencia, el alma, aun el instinto, se habían ido del todo; había quedado profundamente idiota, baboso, colgante, muerto para siempre sobre las rodillas de su madre.

– ¡Hijo, mi hijo querido! – sollozaba ésta, sobre aquella espantosa ruina de su primogénito.

El padre, desolado, acompañó al médico afuera.

– A usted se le puede decir; creo que es un caso perdido. Podrá mejorar, educarse en todo lo que le permita su idiotismo, pero no más allá.

– ¡Sí!... ¡Sí! – asentía Mazzini – . Pero dígame: ¿Usted cree que es herencia, que?...

– En cuanto a la herencia paterna, ya le dije lo que creía cuando vi a su hijo. Respecto a la madre, hay allí un pulmón que no sopla bien. No veo nada más, pero hay un soplo un poco rudo. Hágala examinar bien.

Con el alma destrozada de remordimiento, Mazzini redobló el amor a su hijo, el pequeño idiota que pagaba los excesos del abuelo. Tuvo asimismo que consolar, sostener sin tregua a Berta, herida en lo más profundo por aquel fracaso de su joven maternidad.

Como es natural, el matrimonio puso todo su amor en la esperanza de otro hijo. Nació éste, y su salud y limpidez de risa reencendieron el porvenir extinguido. Pero a los dieciocho meses las convulsiones del primogénito se repetían, y al día siguiente amanecía idiota.

Esta vez los padres cayeron en honda desesperación. ¡Luego su sangre, su amor estaban malditos! ¡Su amor, sobre todo! Veintiocho años él, veintidós ella, y toda su apasionada ternura no alcanzaba a crear un átomo de vida normal. Ya no pedían más belleza e inteligencia como en el primogénito; ¡pero un hijo, un hijo como todos!

Del nuevo desastre brotaron nuevas llamaradas del dolorido amor, un loco anhelo de redimir de una vez para siempre la santidad de su ternura. Sobrevinieron mellizos, y punto por punto repitióse el proceso de los dos mayores.

Mas, por encima de su inmensa amargura, quedaba a Mazzini y Berta gran compasión por sus cuatro hijos. Hubo que arrancar del limbo de la más honda animalidad, no ya sus almas, sino el instinto mismo abolido. No sabían deglutir, cambiar de sitio, ni aun sentarse. Aprendieron al fin a caminar, pero chocaban contra todo, por no darse cuenta de los obstáculos. Cuando los lavaban mugían hasta inyectarse de sangre el rostro. Animábanse sólo al comer, o cuando veían colores brillantes u oían truenos. Se reían entonces, echando afuera lengua y ríos de baba, radiantes de frenesí bestial. Tenían, en cambio, cierta facultad imitativa; pero no se pudo obtener nada más. Con los mellizos pareció haber concluido la aterradora descendencia. Pero pasados tres años desearon de nuevo ardientemente otro hijo, confiando en que el largo tiempo transcurrido hubiera aplacado a la fatalidad.

No satisfacían sus esperanzas. Y en ese ardiente anhelo que se exasperaba, en razón de su infructuosidad, se agriaron. Hasta ese momento cada cual había tomado sobre sí la parte que le correspondía en la miseria de sus hijos; pero la desesperanza de redención ante las cuatro bestias que habían nacido de ellos, echó afuera esa imperiosa necesidad de culpar a los otros, que es patrimonio específico de los corazones inferiores.

Iniciáronse con el cambio de pronombre: tus hijos. Y como a más del insulto había la insidia, la atmósfera se cargaba.

– Me parece – díjole una noche Mazzini, que acababa de entrar y se lavaba las manos – que podrías tener más limpios a los muchachos.

Berta continuó leyendo como si no hubiera oído.

– Es la primera vez – repuso al rato – que te veo inquietarte por el estado de tus hijos.

Mazzini volvió un poco la cara a ella con una sonrisa forzada:

– De nuestros hijos, ¿me parece?

– Bueno; de nuestros hijos. ¿Te gusta así? – alzó ella los ojos.

Esta vez Mazzini se expresó claramente:

– ¿Creo que no vas a decir que yo tenga la culpa, no?

– ¡Ah, no! – se sonrió Berta, muy pálida – ¡pero yo tampoco, supongo!... ¡No faltaba más!... – murmuró.

– ¿Qué, no faltaba más?

– ¡Que si alguien tiene la culpa, no soy yo, entiéndelo bien! Eso es lo que te quería decir.

Su marido la miró un momento, con brutal deseo de insultarla.

– ¡Dejemos! – articuló, secándose por fin las manos.

– Como quieras; pero si quieres decir...

– ¡Berta!

– ¡Como quieras!

Este fue el primer choque y le sucedieron otros. Pero en las inevitables reconciliaciones, sus almas se unían con doble arrebato y locura por otro hijo.

Nació así una niña. Vivieron dos años con la angustia a flor de alma, esperando siempre otro desastre. Nada acaeció, sin embargo, y los padres pusieron en ella toda su complaciencia, que la pequeña llevaba a los más extremos límites del mimo y la mala crianza.

Si aún en los últimos tiempos Berta cuidaba siempre de sus hijos, al nacer Bertita olvidóse casi del todo de los otros. Su solo recuerdo la horrorizaba, como algo atroz que la hubieran obligado a cometer. A Mazzini, bien que en menor grado, pasábale lo mismo.

No por eso la paz había llegado a sus almas. La menor indisposición de su hija echaba ahora afuera, con el terror de perderla, los rencores de su descendencia podrida. Habían acumulado hiel sobrado tiempo para que el vaso no quedara distendido, y al menor contacto el veneno se vertía afuera. Desde el primer disgusto emponzoñado habíanse perdido el respeto; y si hay algo a que el hombre se siente arrastrado con cruel fruición, es, cuando ya se comenzó, a humillar del todo a una persona. Antes se contenían por la mutua falta de éxito; ahora que éste había llegado, cada cual, atribuyéndolo a sí mismo, sentía mayor la infamia de los cuatro engendros que el otro habíale forzado a crear.

Con estos sentimientos, no hubo ya para los cuatro hijos mayores afecto posible. La sirvienta los vestía, les daba de comer, los acostaba, con visible brutalidad. No los lavaban casi nunca. Pasaban casi todo el día sentados frente al cerco, abandonados de toda remota caricia.

De este modo Bertita cumplió cuatro años, y esa noche, resultado de las golosinas que era a los padres absolutamente imposible negarle, la criatura tuvo algún escalofrío y fiebre. Y el temor a verla morir o quedar idiota, tornó a reabrir la eterna llaga.

Hacía tres horas que no hablaban, y el motivo fue, como casi siempre, los fuertes pasos de Mazzini.

– ¡Mi Dios! ¿No puedes caminar más despacio? ¿Cuántas veces?...

– Bueno, es que me olvido; ¡se acabó! No lo hago a propósito.

Ella se sonrió, desdeñosa: – ¡No, no te creo tanto!

– Ni yo, jamás, te hubiera creído tanto a ti...¡tisiquilla!

– ¡Qué! ¿Qué dijiste?...

– ¡Nada!

– ¡Sí, te oí algo! Mira: ¡no sé lo que dijiste; pero te juro que prefiero cualquier cosa a tener un padre como el que has tenido tú!

Mazzini se puso pálido.

– ¡Al fin! – murmuró con los dientes apretados – . ¡Al fin, víbora, has dicho lo que querías!

– ¡Sí, víbora, sí! Pero yo he tenido padres sanos, ¿oyes?, ¡sanos! ¡Mi padre no ha muerto de delirio! ¡Yo hubiera tenido hijos como los de todo el mundo! ¡Esos son hijos tuyos, los cuatro tuyos!

Mazzini explotó a su vez.

– ¡Víbora tísica! ¡eso es lo que te dije, lo que te quiero decir! ¡Pregúntale, pregúntale al médico quién tiene la mayor culpa de la meningitis de tus hijos: mi padre o tu pulmón picado, víbora!

Continuaron cada vez con mayor violencia, hasta que un gemido de Bertita selló instantáneamente sus bocas. A la una de la mañana la ligera indigestión había desaparecido, y como pasa fatalmente con todos los matrimonios jóvenes que se han amado intensamente una vez siquiera, la reconciliación llegó, tanto más efusiva cuanto hirientes fueran los agravios.

Amaneció un espléndido día, y mientras Berta se levantaba escupió sangre. Las emociones y mala noche pasada tenían, sin duda, gran culpa. Mazzini la retuvo abrazada largo rato, y ella lloró desesperadamente, pero sin que ninguno se atreviera a decir una palabra.

A las diez decidieron salir, después de almorzar. Como apenas tenían tiempo, ordenaron a la sirvienta que matara una gallina.

El día radiante había arrancado a los idiotas de su banco. De modo que mientras la sirvienta degollaba en la cocina al animal, desangrándolo con parsimonia (Berta había aprendido de su madre este buen modo de conservar frescura a la carne), creyó sentir algo como respiración tras ella. Volvióse, y vio a los cuatro idiotas, con los hombros pegados uno a otro, mirando estupefactos la operación... Rojo... rojo...

– ¡Señora! Los niños están aquí, en la cocina.

Berta llegó; no quería que jamás pisaran allí. ¡Y ni aun en esas horas de pleno perdón, olvido y felicidad reconquistada, podía evitarse esa horrible visión! Porque, naturalmente, cuando más intensos eran los raptos de amor a su marido e hija, más irritado era su humor con los monstruos.

– ¡Que salgan, María! ¡Échelos! ¡Échelos, le digo!

Las cuatro pobres bestias, sacudidas, brutalmente empujadas, fueron a dar a su banco.

Después de almorzar, salieron todos. La sirvienta fue a Buenos Aires, y el matrimonio a pasear por las quintas. Al bajar el sol volvieron;, pero Berta quiso saludar un momento a sus vecinas de enfrente. Su hija escapóse enseguida a casa.

Entretanto los idiotas no se habían movido en todo el día de su banco. El sol había traspuesto ya el cerco, comenzaba a hundirse, y ellos continuaban mirando los ladrillos, más inertes que nunca.

De pronto, algo se interpuso entre su mirada y el cerco. Su hermana, cansada de cinco horas paternales, quería observar por su cuenta. Detenida al pie del cerco, miraba pensativa la cresta. Quería trepar, eso no ofrecía duda. Al fin decidióse por una silla desfondada, pero faltaba aún. Recurrió entonces a un cajón de kerosene, y su instinto topográfico hízole colocar vertical el mueble, con lo cual triunfó.

Los cuatro idiotas, la mirada indiferente, vieron cómo su hermana lograba pacientemente dominar el equilibrio , y cómo en puntas de pie apoyaba la garganta sobre la cresta del cerco, entre sus manos tirantes. Viéronla mirar a todos lados, y buscar apoyo con el pie para alzarse más.

Pero la mirada de los idiotas se había animado; una misma luz insistente estaba fija en sus pupilas. No apartaban los ojos de su hermana, mientras creciente sensación de gula bestial iba cambiando cada línea de sus rostros. Lentamente avanzaron hacia el cerco. La pequeña, que habiendo logrado calzar el pie, iba ya a montar a horcajadas y a caerse del otro lado, seguramente, sintióse cogida de la pierna. Debajo de ella, los ocho ojos clavados en los suyos le dieron miedo.

– ¡Soltáme! ¡Déjame! – gritó sacudiendo la pierna. Pero fue atraída.

– ¡Mamá! ¡Ay, mamá! ¡Mamá, papá! – lloró imperiosamente. Trató aún de sujetarse del borde, pero sintióse arrancada y cayó.

– Mamá, ¡ay! Ma... – No pudo gritar más. Uno de ellos le apretó el cuello, apartando los bucles como si fueran plumas, y los otros la arrastraron de una sola pierna hasta la cocina, donde esa mañana se había desangrado a la gallina, bien sujeta, arrancándole la vida segundo por segundo.

Mazzini, en la casa de enfrente, creyó oír la voz de su hija.

– Me parece que te llama – le dijo a Berta.

Prestaron oído, inquietos, pero no oyeron más. Con todo, un momento después se despidieron, y mientras Bertita a dejar su sombrero, Mazzini avanzó en el patio.

– ¡Bertita!

Nadie respondió.

– ¡Bertita! – alzó más la voz, ya alterada.

Y el silencio fue tan fúnebre para su corazón siempre aterrado, que la espalda se le heló de horrible presentimiento.

– ¡Mi hija, mi hija! – corrió ya desesperado hacia el fondo. Pero al pasar frente a la cocina vio en el piso un mar de sangre. Empujó violentamente la puerta entornada, y lanzó un grito de horror.

Berta, que ya se había lanzado corriendo a su vez al oír el angustioso llamado del padre, oyó el grito y respondió con otro. Pero al precipitarse en la cocina, Mazzini, lívido como la muerte, se interpuso, conteniéndola:

– ¡No entres! ¡No entres!

Berta alcanzó a ver el piso inundado de sangre. Sólo pudo echar sus brazos sobre la cabeza y hundirse a lo largo de él con un ronco suspiro.

Nuestro primer cigarro

Ninguna época de mayor alegría que la que nos proporcionó a María y a mí, nuestra tía con su muerte. Inés volvía de Buenos Aires, donde había pasado tres meses. Esa noche, cuando nos acostábamos, oímos que Inés decía a mamá:

– ¡Qué extraño!... Tengo las cejas hinchadas.

Mamá examinó seguramente las cejas de tía, pues después de un rato contestó:

– Es cierto... ¿No sientes nada?

– No... sueño.

Al día siguiente, hacia las dos de la tarde, notamos de pronto fuerte agitación en casa, puertas que se abrían y no se cerraban, diálogos cortados de exclamaciones, y semblantes asustados. Inés tenía viruela, y de cierta especie hemorrágica que vivía en Buenos Aires.

Desde luego, a mi hermana y a mí nos entusiasmó el drama. Las criaturas tienen casi siempre la desgracia de que las grandes cosas no pasen en su casa. Esta vez nuestra tía – ¡casualmente nuestra tía! – ¡enferma de viruela! Yo, chico feliz, contaba ya en mi orgullo la amistad de un agente de policía, y el contacto con un payaso que saltando las gradas había tomado asiento a mi lado. Pero ahora el gran acontecimiento pasaba en nuestra propia casa; y al comunicarlo al primer chico que se detuvo en la puerta de calle a mirar, había ya en mis ojos la vanidad con que una criatura de riguroso luto pasa por primera vez ante sus vecinillos atónitos y envidiosos.

Esa misma tarde salimos de casa, instalándonos en la única que pudimos hallar con tanta premura, una vieja quinta de los alrededores. Una hermana de mamá, que había tenido viruela en su niñez, quedó al lado de Inés.

Seguramente en los primeros días mamá pasó crueles angustias por sus hijos que habían besado a la virolenta.

Pero en cambio nosotros, convertidos en furiosos Robinsones, no teníamos tiempo para acordarnos de nuestra tía. Hacía mucho tiempo que la quinta dormía en su sombrío y húmedo sosiego. Naranjos blanquecinos de diaspis; duraznos rajados en la horqueta; membrillos con aspecto de mimbres; higueras rastreantes a fuerza de abandono, aquello daba, en su tupida hojarasca que ahogaba los pasos, fuerte sensación de paraíso.

Nosotros no éramos precisamente Adán y Eva; pero sí heroicos Robinsones, arrastrados a nuestro destino por una gran desgracia de familia: la muerte de nuestra tía, acaecida cuatro días después de comenzar nuestra exploración.

Pasábamos el día entero huroneando por la quinta bien que las higueras, demasiado tupidas al pie, nos inquietaran un poco. El pozo también suscitaba nuestras preocupaciones geográficas. Era éste un viejo pozo inconcluso, cuyos trabajos se habían detenido a los catorce metros sobre el fondo de piedra, y que desaparecía ahora entre los culantrillos y doradillas de sus paredes. Era, sin embargo, menester explorarlo, y por vía de avanzada logramos con infinitos esfuerzos llevar hasta su borde una gran piedra. Como el pozo quedaba oculto tras un macizo de cañas, nos fué permitida esta maniobra sin que mamá se enterase. No obstante, María, cuya inspiración poética primó siempre en nuestras empresas, obtuvo que aplazáramos el fenómeno hasta que una gran lluvia, llenando el pozo, nos proporcionara satisfacción artística, a la par que científica.

Pero lo que sobre todo atrajo nuestros asaltos diarios fué el cañaveral. Tardamos dos semanas enteras en explorar como era debido aquel diluviano enredo de varas verdes, varas secas, varas verticales, varas dobladas, atravesadas, rotas hacia tierra. Las hojas secas, detenidas en su caída, entretejían el macizo, que llenaba el aire de polvo y briznas al menor contacto.

Aclaramos el secreto, sin embargo; y sentados con mi hermana en la sombría guarida de algún rincón, bien juntos y mudos en la semioscuridad, gozamos horas enteras el orgullo de no sentir miedo.

Fué allí donde una tarde, avengonzados de nuestra poca iniciativa, inventamos fumar. Mamá era viuda; con nosotros vivían habitualmente dos hermanas suyas, y en aquellos momentos un hermano, precisamente el que había venido con Inés de Buenos Aires.

Este nuestro tío de veinte años, muy elegante y presumido, habíase atribuído sobre nosotros dos cierta potestad que mamá, con el disgusto actual y su falta de carácter, fomentaba.

María y yo, por de pronto, profesábamos cordialísima antipatía al padrastrillo.

– Te aseguro – decía él a mamá, señalándonos con el mentón – que desearía vivir siempre contigo para vigilar a tus hijos. Te van a dar mucho trabajo.

– ¡Déjalos! – respondía mamá cansada.

Nosotros no decíamos nada; pero nos mirábamos por encima del plato de sopa.

A este severo personaje, pues, habíamos robado un paquete de cigarrillos; y aunque nos tentaba iniciarnos súbitamente en la viril virtud, esperamos el artefacto. Este consistía en una pipa que yo había fabricado con un trozo de caña, por depósito; una varilla de cortina, por boquilla; y por cemento, masilla de un vidrio recién colocado. La pipa era perfecta: grande, liviana y de varios colores.

En nuestra madriguera del cañaveral cargámosla María y yo con religiosa y firme unción. Cinco cigarrillos dejaron su tabaco adentro; y sentándonos entonces con las rodillas altas, encendí la pipa y aspiré. María, que devoraba mi acto con los ojos, notó que los míos se cubrían de lágrimas: jamás se ha visto ni verá cosa, más abominable. Deglutí, sin embargo, valerosamente la nauseosa saliva.

– ¿Rico? – me preguntó María ansiosa, tendiendo la mano.

– Rico – le contesté pasándole la horrible máquina.

María chupó, y con más fuerza aún. Yo, que la observaba atentamente, noté a mi vez sus lágrimas y el movimiento simultáneo de labios, lengua y garganta, rechazando aquello. Su valor fué mayor que el mío.

– Es rico – dijo con los ojos llorosos y haciendo casi un puchero. Y se llevó heroicamente otra vez a la boca la varilla de bronce.

Era inminente salvarla. El orgullo, sólo él, la precipitaba de nuevo a aquel infernal humo con gusto a sal de Chantaud, el mismo orgullo que me había hecho alabarle la nausebunda fogata.

– ¡Psht! – dije bruscamente, prestando oído; – me parece el gargantilla del otro día... debe de tener nido aquí...

María se incorporó, dejando la pipa de lado; y con el oído atento y los ojos escrudiñantes, nos alejamos de allí, ansiosos aparentemente de ver al animalito, pero en verdad asidos como moribundos a aquel honorable pretexto de mi invención, para retirarnos prudentemente del tabaco, sin que nuestro orgullo sufriera.

Un mes más tarde volví a la pipa de caña, pero entonces con muy distinto resultado.

Por alguna que otra travesura nuestra, el padrastrillo habíanos ya levantado la voz mucho más duramente de lo que podíamos permitirle mi hermana y yo. Nos quejamos a mamá.

– ¡Bah!, no hagan caso – nos respondió, sin oirnos casi; – él es así.

– ¡Es que nos va a pegar un día! – gimoteó María.

– Si ustedes no le dan motivos, no. ¿Qué le han hecho? – añadió dirigiéndose a mí.

– Nada, mamá... Pero yo no quiero que me toque! – objeté a mi vez.

En este momento entró nuestro tío.

– ¡Ah! aquí está el buena pieza de tu Eduardo... ¡Te va a sacar canas este hijo, ya verás!

– Se quejan de que quieres pegarles.

– ¿Yo? – exclamó el padrastrillo midiéndome. – No lo he pensado aún. Pero en cuanto me faltes al respeto...

– Y harás bien – asintió mamá.

– ¡Yo no quiero que me toque! – repetí enfurruñado y rojo. – ¡El no es papá!

– Pero a falta de tu pobre padre, es tu tío. ¡En fin, déjenme tranquila! – concluyó apartándonos.

Solos en el patio, María y yo nos miramos con altivo fuego en los ojos.

– ¡Nadie me va a pegar a mí! – asenté.

– ¡No... ni a mí tampoco! – apoyó ella, por la cuenta que le iba.

– ¡Es un zonzo!

Y la inspiración vino bruscamente, y como siempre, a mi hermana, con furibunda risa y marcha triunfal:

– ¡Tío Alfonso... es un zonzo! ¡Tío Alfonso... es un zonzo!

Cuando un rato después tropecé con el padrastrillo, me pareció, por su mirada, que nos había oído. Pero ya habíamos planteado la historia del Cigarro Pateador, epíteto éste a la mayor gloria de la mula Maud.

El cigarro pateador consistió, en sus líneas elementales, en un cohete que rodeado de papel de fumar, fué colocado en el atado de cigarrillos que tío Alfonso tenía siempre en su velador, usando de ellos a la siesta.

Un extremo había sido cortado a fin de que el cigarro no afectara excesivamente al fumador. Con el violento chorro de chispas había bastante, y en su total, todo el éxito estribaba en que nuestro tío, adormilado, no se diera cuenta de la singular rigidez de su cigarrillo.

Las cosas se precipitan a veces de tal modo, que no hay tiempo ni aliento para contarlas. Sólo sé que una siesta el padrastrillo salió como una bomba de su cuarto, encontrando a mamá en el comedor.

– ¡Ah, estás acá! ¿Sabes lo que han hecho? ¡Te juro que esta vez se van a acordar de mí!

– ¡Alfonso!

– ¿Qué? ¡No faltaba más que tú también!... ¡Si no sabes educar a tus hijos, yo lo voy a hacer!

Al oir la voz furiosa del tío, yo, que me ocupaba inocentemente con mi hermana en hacer rayitas en el brocal del aljibe, evolucioné hasta entrar por la segunda puerta en el comedor, y colocarme detrás de mamá. El padrastrillo me vió entonces y se lanzó sobre mí.

– ¡Yo no hice nada! – grité.

– ¡Espérate! – rugió mi tío, corriendo tras de mí alrededor de la mesa.

– ¡Alfonso, déjalo!

– ¡Después te lo dejaré!

– ¡Yo no quiero que me toque!

– ¡Vamos, Alfonso! ¡Pareces una criatura!

Esto era lo último que se podía decir al padrastrillo. Lanzó un juramento y sus piernas en mi persecución con tal velocidad, que estuvo a punto de alcanzarme. Pero en ese instante salía yo como de una honda por la puerta abierta, y disparaba hacia la quinta, con mi tío detrás.

En cinco segundos pasamos como una exhalación por los durazneros, los naranjos y los perales, y fué en este momento cuando la idea del pozo, y su piedra, surgió terriblemente nítida.

– ¡No quiero que me toque! – grité aún.

– ¡Espérate!

En ese instante llegamos al cañaveral.

– ¡Me voy a tirar al pozo! – aullé para que mamá me oyera.

– ¡Yo soy el que te voy a tirar!

Bruscamente desaparecí a sus ojos tras las cañas; corriendo siempre, di un empujón a la piedra exploradora que esperaba una lluvia, y salté de costado, hundiéndome bajo la hojarasca.

Tío desembocó en seguida, a tiempo que dejando de verme, sentía allá en el fondo del pozo el abominable zumbido de un cuerpo que se aplastaba.

El padrastrillo se detuvo, totalmente lívido; volvió a todas partes sus ojos dilatados, y se aproximó al pozo. Trató de mirar adentro, pero los culantrillos se lo impidieron. Entonces pareció reflexionar, y después de una atenta mirada al pozo y sus alrededores, comenzó a buscarme.

Como desgraciadamente para el caso, hacía poco tiempo que el tío Alfonso cesara a su vez de esconderse para evitar los cuerpo a cuerpo con sus padres, conservaba aún muy frescas las estrategias subsecuentes, e hizo por mi persona cuanto era posible hacer para hallarme.

Descubrió en seguida mi cubil, volviendo pertinazmente a él con admirable olfato; pero fuera de que la hojarasca diluviana me ocultaba del todo, el ruido de mi cuerpo estrellándose obsediaba a mi tío, que no buscaba bien, en consecuencia.

Fué pues resuelto que yo yacía aplastado en el fondo del pozo, dando entonces principio a lo que llamaríamos mi venganza póstuma. El caso era bien claro: ¿con qué cara mi tío contaría a mamá que yo me había suicidado para evitar que él me pegara?

Pasaron diez minutos.

– ¡Alfonso! – sonó de pronto la voz de mamá en el patio.

– ¿Mercedes? – respondió aquél tras una brusca sacudida.

Seguramente mamá presintió algo, porque su voz sonó de nuevo, alterada.

– ¿Y Eduardo? ¿Dónde está? – agregó avanzando.

– ¡Aquí, conmigo! – contestó riendo. – Ya hemos hecho las paces.

Como de lejos mamá no podía ver su palidez ni la ridícula mueca que él pretendía ser beatífica sonrisa, todo fué bien.

– ¿No le pegaste, no? – insistió aún mamá.

– No. ¡Si fué una broma!

Mamá entró de nuevo. ¡Broma! Broma comenzaba a ser la mía para el padrastrillo.

Celia, mi tía mayor, que había concluído de dormir la siesta, cruzó el patio y Alfonso la llamó en silencio con la mano. Momentos después Celia lanzaba un ¡oh! ahogado, llevándose las manos a la cabeza.

– ¡Pero, cómo! ¡Qué horror! ¡Pobre, pobre Mercedes! ¡Qué golpe!

Era menester resolver algo antes que Mercedes se enterara. ¿Sacarme, con vida aún?... El pozo tenía catorce metros sobre piedra viva. Tal vez, quién sabe... Pero para ello sería preciso traer sogas, hombres; y Mercedes...

– ¡Pobre, pobre madre! – repetía mi tía.

Justo es decir que para mí, el pequeño héroe, mártir de su dignidad corporal, no hubo una sola lágrima. Mamá acaparaba todos los entusiasmos de aquel dolor, sacrificándole ellos la remota probabilidad de vida que yo pudiera aún conservar allá abajo. Lo cual, hiriendo mi doble vanidad de muerto y de vivo, avivó mi sed de venganza.

Media hora después mamá volvió a preguntar por mí, respondiéndole Celia con tan pobre diplomacia, que mamá tuvo en seguida la seguridad de una catástrofe.

– ¡Eduardo, mi hijo! – clamó arrancándose de las manos de su hermana que pretendía sujetarla, y precipitándose a la quinta.

– ¡Mercedes! ¡Te juro que no! ¡Ha salido!

– ¡Mi hijo! ¡mi hijo! ¡Alfonso!

Alfonso corrió a su encuentro, deteniéndola al ver que se dirigía al pozo. Mamá no pensaba en nada concreto; pero al ver el gesto horrorizado de su hermano, recordó entonces mi exclamación de una hora antes, y lanzó un espantoso alarido.

– ¡Ay! ¡Mi hijo! ¡Se ha matado! ¡Déjame, déjenme! ¡Mi hijo, Alfonso! ¡Me lo has muerto!

Se llevaron a mamá sin sentido. No me había conmovido en lo más mínimo la desesperación de mamá, puesto que yo – motivo de aquella – estaba en verdad vivo y bien vivo, jugando simplemente en mis ocho años con la emoción, a manera de los grandes que usan de las sorpresas semi-trágicas: ¡el gusto que va a tener cuando me vea!

Entretanto, gozaba yo íntimo deleite con el fracaso del padrastrillo.

– ¡Hum!... ¡Pegarme! – rezongaba yo, aún bajo la hojarasca. Levantándome entonces con cautela, senteme en cuclillas en mi cubil y recogí la famosa pipa bien guardada entre el follaje. Aquel era el momento de dedicar toda mi seriedad a agotar la pipa.

El humo de aquel tabaco humedecido, seco, vuelto a humedecer y resecar infinitas veces, tenía en aquel momento un gusto a cumbarí, solución Coirre y sulfato de soda, mucho más ventajoso que la primera vez. Emprendí, sin embargo, la tarea que sabía dura, con el ceño contraído y los dientes crispados sobre la boquilla.

Fumé, quiero creer que cuarta pipa. Sólo recuerdo que al final el cañaveral se puso completamente azul y comenzó a danzar a dos dedos de mis ojos. Dos o tres martillos de cada lado de la cabeza comenzaron a destrozarme las sienes, mientras el estómago, instalado en plena boca, aspiraba él mismo directamente las últimas bocanadas de humo.

Volví en mí cuando me llevaban en brazos a casa. A pesar de lo horriblemente enfermo que me encontraba, tuve el tacto de continuar dormido, por lo que pudiera pasar. Sentí los brazos delirantes de mamá sacudiéndome.

– ¡Mi hijo querido! ¡Eduardo, mi hijo! ¡Ah, Alfonso, nunca te perdonaré el dolor que me has causado!

– ¡Pero, vamos! – decíale mi tía mayor – ¡no seas loca, Mercedes! ¡Ya ves que no tiene nada!

– ¡Ah! – repuso mamá llevándose las manos al corazón en un inmenso suspiro. – ¡Sí, ya pasó!... Pero dime, Alfonso, ¿cómo pudo no haberse hecho nada? ¡Ese pozo, Dios mío!...

El padrastrillo, quebrantado a su vez, habló vagamente de desmoronamiento, tierra blanda, prefiriendo para un momento de mayor calma la solución verdadera, mientras la pobre mamá no se percataba de la horrible infección de tabaco que exhalaba su suicida.

Abrí al fin los ojos, me sonreí y volví a dormirme, esta vez honrada y profundamente.

Tarde ya, el tío Alfonso me despertó.

– ¿Qué merecerías que te hiciera? – me dijo con sibilante rencor. – ¡Lo que es mañana, le cuento todo a tu madre, y ya verás lo que son gracias!

Yo veía aún bastante mal, las cosas bailaban un poco, y el estómago continuaba todavía adherido a la garganta. Sin embargo, le respondí:

– ¡Si le cuentas algo a mamá, lo que es esta vez te juro que me tiro!

¿Los ojos de un joven suicida que fumó heroicamente su pipa, expresan acaso desesperado valor?

Es posible. De todos modos, el padrastrillo, después de mirarme fijamente, se encogió de hombros, levantando hasta mi cuello la sábana un poco caída.

– Me parece que mejor haría en ser amigo de este microbio – murmuró.

– Creo lo mismo – le respondí.

Y me dormí.

Tacuara-Mansión

Frente al rancho de don Juan Brown, en Misiones, se levanta un árbol de gran diámetro y ramas retorcidas, que presta a aquél frondosísimo amparo. Bajo este árbol murió, mientras esperaba el día para irse a su casa, Santiago Rivet, en circunstancias bastante singulares para que merezcan ser contadas.

Misiones, colocada a la vera de un bosque que comienza allí y termina en el Amazonas, guarece a una serie de tipos a quienes podría lógicamente imputarse cualquier cosa menos el ser aburridos. La vida más desprovista de interés al norte de Posadas, encierra dos o tres pequeñas epopeyas de trabajo o de carácter, si no de sangre. Pues bien se comprende que no son tímidos gatitos de civilización los tipos que del primer chapuzón o en el reflujo final de sus vidas han ido a encallar allá.

Sin alcanzar los contornos pintorescos de un João Pedro, por ser otros los tiempos y otro el carácter del personaje, don Juan Brown merece mención especial entre los tipos de aquel ambiente.

Brown era argentino y totalmente criollo, a despecho de una gran reserva británica. Había cursado en La Plata dos o tres brillantes años de ingeniería. Un día, sin que sepamos por qué, cortó sus estudios y derivó hasta Misiones. Creo haberle oído decir que llegó a Iviraromí por un par de horas, asunto de ver las ruinas. Mandó más tarde buscar sus valijas a Posadas para quedarse dos días más, y allí lo encontré yo quince años después, sin que en todo ese tiempo hubiera abandonado una sola hora el lugar. No le interesaba mayormente el país; se quedaba allí, simplemente por no valer sin duda la pena hacer otra cosa.

Era un hombre joven todavía, grueso y más que grueso muy alto, pues pesaba cien kilos. Cuando galopaba —por excepción – era fama que se veía al caballo doblarse por el espinazo, y a don Juan sostenerlo con los pies en tierra.

En relación con su grave empaque, don Juan era poco amigo de palabras. Su rostro ancho y rapado bajo un largo pelo hacia atrás, recordaba bastante al de un tribuno del noventa y tres. Respiraba con cierta dificultad, a causa de su corpulencia. Cenaba siempre a las cuatro de la tarde, y al anochecer llegaba infaliblemente al bar, fuere el tiempo que hubiere, al paso de su heroico caballito, para retirarse también infaliblemente el último de todos. Se le llamaba «don Juan" a secas, e inspiraba tanto respeto su volumen como su carácter. He aquí dos muestras de ese raro carácter.

Cierta noche, jugando al truco con el juez de Paz de entonces, el juez se vio en mal trance e intentó una trampa. Don Juan miró a su adversario sin decir palabra, y prosiguió jugando. Alentado el mestizo, y como la suerte continuara favoreciendo a don Juan, tentó una nueva trampa. Juan Brown echó una ojeada a las cartas, dijo tranquilo al juez:

– Hiciste trampa de nuevo; da las cartas otra vez.

Disculpas efusivas del mestizo, y nueva reincidencia. Con igual calma, don Juan le advirtió:

– Has vuelto a hacer trampa; da las cartas de nuevo.

Cierta noche, durante una partida de ajedrez, se le cayó a don Juan el revólver, y el tiro partió. Brown recogió su revólver sin decir una palabra y prosiguió jugando, ante los bulliciosos comentarios de los contertulios, cada uno de los cuales, por lo menos, creía haber recibido la bala. Sólo al final se supo que quien la había recibido en una pierna, era el mismo don Juan.

Brown vivía solo en Tacuara-Mansión (así llamada porque estaba en verdad construida de caña tacuara, y por otro malicioso motivo). Servíale de cocinero un húngaro de mirada muy dura y abierta, y que parecía echar las palabras en explosiones a través de los dientes. Veneraba a don Juan, el cual, por su parte, apenas le dirigía la palabra.

Final de este carácter: muchos años después, cuando en Ivirarom´ı hubo un piano, se supo recién entonces que don Juan era un eximio ejecutante.

Lo más particular de don Juan Brown, sin embargo, eran las relaciones que cultivaba con monsieur Rivet, llamado oficialmente Santiago-Guido-Luciano-María Rivet.

Era éste un perfecto ex hombre, arrojado hasta Iviraromí por la última oleada de su vida. Llegado al país veinte años atrás, y con muy brillante actuación luego en la dirección técnica de una destilería de Tucumán, redujo poco a poco el límite de sus actividades intelectuales, hasta encallar por fin en Iviraromí, en carácter de despojo humano.

Nada sabemos de su llegada allá. Un crepúsculo, sentados a las puertas del bar, lo vimos desembocar del monte de las ruinas en compañía de Luisser, un mecánico manco, tan pobre como alegre, y que decía siempre no faltarle nada a pesar de que le faltaba un brazo.

En esos momentos el optimista sujeto se ocupaba de la destilación de hojas de naranjo, en el alambique más original que darse pueda. Ya volveremos sobre esta fase suya. Pero en aquellos instantes de fiebre destilatoria la llegada de un químico industrial de la talla de Rivet fue un latigazo de excitación para las fantasías del pobre manco. Él nos informó de la personalidad de monsieur Rivet, presentándolo un sábado de noche en el bar, que desde entonces honró con su presencia.

Monsieur Rivet era un hombrecillo diminuto, muy flaco, y que los domingos se peinaba el cabello en dos grasientas ondas a ambos lados de la frente. Entre sus barbas siempre sin afeitar pero nunca largas, tendíanse constantemente adelante sus labios en un profundo desprecio por todos, y en particular por los doctores de Ivirarorní. El más discreto ensayo de sapecadoras y secadoras de yerba mate que se comentaba en el bar, apenas arrancaba al químico otra cosa que salivazos de desprecio, y frases entrecortadas:

– ¡Tzsh...! Doctorcitos... No saben nada... ¡Tzsh...! Porquería...

Desde todos o casi todos los puntos de vista, nuestro hombre era el polo opuesto del impasible Juan Brown. Y nada decimos de la corpulencia de ambos, por cuanto nunca llegó a verse en boliche alguno del Alto Paraná, ser de hombros más angostos y flacura más raquítica que la de mosiú Rivet. Aunque esto sólo llegamos a apreciarlo en forma la noche del domingo en que el químico hizo su entrada en el bar vestido con un flamante trajecito negro de adolescente, aun angosto de espalda y piernas para él mismo. Pero Rivet parecía orgulloso de él, y sólo se lo ponía los sábados y domingos de noche.

El bar de que hemos hecho referencia era un pequeño hotel para refrigerio de los turistas que llegaban en invierno hasta Ivirarorní a visitar las famosas ruinas jesuíticas, y que después de almorzar proseguían viaje hasta el Iguazú, o regresaban a Posadas. En el resto de las horas, el bar nos pertenecía. Servía de infalible punto de reunión a los pobladores con alguna cultura de Ivirarorní: diecisiete en total. Y era una de las mayores curiosidades en aquella amalgama de fronterizos del bosque, el que los diecisiete jugaran al ajedrez, y bien. De modo que la tertulia desarrollábase a veces en silencio entre espaldas dobladas sobre cinco o seis tableros, entre sujetos la mitad de los cuales no podían concluir de firmar sin secarse dos o tres veces la mano.

A las doce de la noche el bar quedaba desierto, salvo las ocasiones en que don Juan había pasado toda la mañana y toda la tarde de espaldas al mostrador de todos los boliches de Iviraromí. Don Juan era entonces inconmovible. Malas noches éstas para el barman, pues Brown poseía la más sólida cabeza del país. Recostado al despacho de bebidas, veía pasar las horas una tras otra, sin moverse ni oír al barman, que para advertir a don Juan salía cada instante afuera a pronosticar lluvia.

Como monsieur Rivet demostraba a su vez una gran resistencia, pronto llegaron el ex ingeniero y el ex químico a encontrarse en frecuentes vis-à-vis. No vaya a creerse, sin embargo, que esta común finalidad y fin de vida hubiera creado el menor asomo de amistad entre ellos. Don Juan, en pos de un Buenas noches, más indicado que dicho, no volvía a acordarse para nada de su compañero. M. Rivet, por su parte, no disminuía en honor de Juan Brown el desprecio que le inspiraban los doctores de Iviraromí, entre los cuales contaba naturalmente a don Juan. Pasaban la noche juntos y solos, y a veces proseguían la mañana entera en el primer boliche abierto; pero sin mirarse siquiera.

Estos originales encuentros se tornaron más frecuentes al mediar el invierno, en que el socio de Rivet emprendió la fabricación de alcohol de naranja, bajo la dirección del químico. Concluida esta empresa con la catástrofe de que damos cuenta en otro relato, Rivet concurrió todas las noches al bar, con su esbeltito traje negro. Y como don Juan pasaba en esos momentos por una de sus malas crisis, tuvieron ambos ocasión de celebrar vis-à-vis fantásticos, hasta llegar al último, que fue el decisivo.

Por las razones antedichas y el manifiesto lucro que el dueño del bar obtenía con ellas, éste pasaba las noches en blanco, sin otra ocupación que atender los vasos de los dos socios, y cargar de nuevo la lámpara de alcohol. Frío, habrá que suponerlo en esas crudas noches de junio. Por ello el bolichero se rindió una noche, y después de confiar a la honorabilidad de Brown el resto de la damajuana de caña, se fue a acostar. De más está decir que Brown era únicamente quien respondía de estos gastos a dúo.

Don Juan, pues, y monsieur Rivet quedaron solos a las dos de la mañana, el primero en su lugar habitual, duro e impasible como siempre, y el químico paseando agitado con la frente en sudor, mientras afuera caía una cortante helada.

Durante dos horas no hubo novedad alguna; pero al dar las tres, la damajuana se vació. Ambos lo advirtieron, y por un largo rato los ojos globosos y muertos de don Juan se fijaron en el vacío delante de él. Al fin, volviéndose a medias, echó una ojeada a la damajuana agotada, y recuperó tras ella su pose. Otro largo rato transcurrió y de nuevo volviose a observar el recipiente. Cogiéndolo por fin, lo mantuvo boca abajo sobre el cinc; nada: ni una gota.

Una crisis de dipsomanía puede ser derivada con lo que se quiera, menos con la brusca supresión de la droga. De vez en cuando, y a las puertas mismas del bar, rompía el canto estridente de un gallo, que hacía resoplar a Juan Brown, y perder el compás de su marcha a Rivet. Al final, el gallo desató la lengua del químico en improperios pastosos contra los doctorcitos. Don Juan no prestaba a su cháchara convulsiva la menor atención; pero ante el constante: «Porquería... no saben nada...» del ex químico, Juan Brown volvió a él sus pesados ojos, y le dijo:

— ¿Y vos qué sabés?

Rivet, al trote y salivando se lanzó entonces en insultos del mismo jaez contra don Juan, quien lo siguió obstinadamente con los ojos. Al fin resopló, apartando de nuevo la vista:

– Francés del diablo...

La situación, sin embargo, se volvió intolerable. La mirada de don Juan, fija desde hacía rato en la lámpara, cayó por fin de costado sobre su socio:

– Vos que sabés de todo, industrial... ¿Se puede tomar el alcohol carburado?

¡Alcohol! La sola palabra sofocó, como un soplo de fuego, la irritación de Rivet. Tartamudeó, contemplando la lámpara:

– ¿Carburado...? ¡Tzsh...! Porquería... Bencinas... Piridinas... ¡Tzsh...! Se puede tomar.

No bastó más. Los socios encendieron una vela, vertieron en la damajuana el alcohol con el mismo pestilente embudo, y ambos volvieron a la vida.

El alcohol carburado no es una bebida para seres humanos. Cuando hubieron vaciado la damajuana hasta la última gota, don Juan perdió por primera vez en la vida su impasible línea, y cayó, se desplomó como un elefante en la silla. Rivet sudaba hasta las mechas del cabello, y no podía arrancarse de la baranda del billar.

– Vamos – le dijo don Juan, arrastrando consigo a Rivet, que resistía.

Brown logró cinchar su caballo, pudo izar al químico a la grupa, y a las tres de la mañana partieron del bar al paso del flete de Brown, que siendo capaz de trotar con cien kilos encima, bien podía caminar cargado con ciento cuarenta.

La noche, muy fría y clara, debía estar ya velada de neblina en la cuenca de las vertientes. En efecto, apenas a la vista del valle del Yabebirí, pudieron ver la bruma, acostada desde temprano a lo largo del río, ascender desflecada en jirones por la falda de la serranía. Más en lo hondo aún, el bosque tibio debía estar ya blanco de vapores.

Fue lo que aconteció. Los viajeros tropezaron de pronto con el monte, cuando debían estar ya en Tacuara-Mansión. El caballo, fatigado se resistía a abandonar el lugar. Don Juan volvió grupa, y un rato después tenían de nuevo el bosque por delante.

«Perdidos...” – pensó don Juan, castañeteando a pesar suyo, pues aun cuando la cerrazón impedía la helada, el frío no mordía menos.

Tomó otro rumbo, confiando esta vez en el caballo. Bajo su saco de astracán, Brown se sentía empapado en sudor de hielo. El químico, más lesionado, bailoteaba en ancas de un lado para otro, inconsciente del todo.

El monte los detuvo de nuevo. Don Juan consideró entonces que había hecho cuanto era posible para llegar a su casa. Allí mismo ató su caballo en el primer árbol, y tendiendo a Rivet al lado suyo se acostó al pie de aquél. El químico, muy encogido, había doblado las rodillas hasta el pecho, y temblaba sin tregua. No ocupaba más espacio que una criatura, y eso, flaca. Don Juan lo contempló un momento, y encogiéndose ligeramente de hombros, apartó de sí el mandil que se había echado encima, y cubrió con él a Rivet, hecho lo cual, se tendió de espaldas sobre el pasto de hielo.

Cuando volvió en sí, el sol estaba ya muy alto. Y a diez metros de ellos, su propia casa.

Lo que había pasado era muy sencillo: ni un solo momento se habían extraviado la noche anterior. El caballo habíase detenido la primera vez – y todas – ante el gran árbol de Tacuara-Mansión, que el alcohol de lámparas y la niebla habían impedido ver a su dueño. Las marchas y contramarchas, al parecer interminables, habíanse concretado a sencillos rodeos alrededor del árbol familiar.

De cualquier modo, acababan de ser descubiertos por el húngaro de don Juan. Entre ambos transportaron al rancho a monsieur Rivet, en la misma postura de niño con frío en que había muerto. Juan Brown, por su parte, y a pesar de los porrones calientes, no pudo dormirse en largo tiempo, calculando obstinadamente, ante su tabique de cedro, el número de tablas que necesitaría el cajón de su socio.

Y a la mañana siguiente las vecinas del pedregoso camino del Yabebirí oyeron desde lejos y vieron pasar el saltarín carrito de ruedas macizas, y seguido aprisa por el manco, que se llevaba los restos del difunto químico.

Maltrecho a pesar de su enorme resistencia, don Juan no abandonó en diez días Tacuara-Mansión. No faltó sin embargo quien fuera a informarse de lo que había pasado, so pretexto de consolar a don Juan y de cantar aleluyas al ilustre químico fallecido.

Don Juan le dejó hablar sin interrumpirlo. Al fin, ante nuevas loas al intelectual desterrado en país salvaje que acababa de morir, don Juan se encogió de hombros:

– Gringo de porquería... – murmuró apartando la vista.

Y ésta fue toda la oración fúnebre de monsieur Rivet.

Van-Houten

Lo encontré una siesta de fuego a cien metros de su rancho, calafateando una guabiroba que acababa de concluir.

– Ya ve – me dijo, pasándose el antebrazo mojado por la cara aún más mojada – que hice la canoa. Timbó estacionado, y puede cargar cien arrobas. No es como esa suya, que apenas lo aguanta a usted. Ahora quiero divertirme.

– Cuando don Luis quiere divertirse – apoyó Paolo cambiando el pico por la pala – , hay que dejarlo. El trabajo es para mí entonces; pero yo trabajo a un tanto, y me arreglo solo.

Y prosiguió paleando el cascote de la cantera, desnudo desde la cintura hasta la cabeza, como su socio Van-Houten.

Tenía éste por asociado a Paolo, sujeto de hombros y brazos de gorila, cuya única preocupación había sido y era no trabajar nunca a las órdenes de nadie, y ni siquiera por día. Percibía tanto por metro de losas de laja entregadas, y aquí concluían sus deberes y privilegios. Preciábase de ello en toda ocasión, al punto de que parecía haber ajustado la norma moral de su vida a esta independencia de su trabajo. Tenía por hábito particular, cuando regresaba los sábados de noche del pueblo, solo y a pie como siempre, hacer sus cuentas en voz alta por el camino.

Van-Houten, su socio, era belga, flamenco de origen, y se le llamaba, alguna vez Lo-que-queda-de-Van-Houten, en razón de que le faltaba un ojo, una oreja, y tres dedos de la mano derecha. Tenía la cuenca entera de su ojo vacío quemado en azul por la pólvora. En el resto era un hombre bajo y muy robusto, con barba roja e hirsuta. El pelo, de fuego también, caíale sobre una frente muy estrecha en mechones constantemente sudados. Cedía de hombro a hombro al caminar y era sobre todo muy feo, a lo Verlaine, de quien compartía casi la patria, pues Van-Houten había nacido en Charleroi.

Su origen flamenco revelábase en su flema para soportar adversidades. Se encogía de hombros y escupía, por todo comentario. Era asimismo el hombre más desinteresado del mundo, no preocupándose en absoluto de que le devolvieran el dinero prestado, o de que una súbita crecida del Paraná le llevara sus pocas vacas. Escupía, y eso era todo. Tenía un solo amigo íntimo, con el cual se veía solamente los sábados de noche, cuando partían juntos y a caballo hacia el pueblo. Por veinticuatro horas continuas, recorrían uno a uno los boliches, borrachos e inseparables. La noche del domingo sus respectivos caballos los llevaban por la fuerza del hábito a sus casas, y allí concluía la amistad de los socios. En el resto de la semana no se veían jamás.

Yo siempre había tenido curiosidad de conocer de primera fuente qué había pasado con el ojo y los dedos de Van-Houten. Esa siesta, llevándolo insidiosamente a su terreno con preguntas sobre barrenos, canteras y dinamitas, logré lo que ansiaba, y que es tal como va:

«La culpa de todo la tuvo un brasileño que me echó a perder la cabeza con su pólvora. Mi hermano no creía en esa pólvora, y yo sí; lo que me costó un ojo. Yo no creía tampoco que me fuera a costar nada, porque ya había escapado vivo dos veces.

"La primera fue en Posadas. Yo acababa de llegar, y mi hermano estaba allí hacía cinco años. Teníamos un compañero, un milanés fumador, con gorra y bastón que no dejaba nunca. Cuando bajaba a trabajar, metía el bastón dentro del saco. Cuando no estaba borracho, era un hombre duro para el trabajo.

"Contratamos un pozo, no a tanto el metro como se hace ahora, sino por el pozo completo, hasta que diera agua. Debíamos cavar hasta encontrarla.

"Nosotros fuimos los primeros en usar dinamita en los trabajos. En Posadas no hay más que piedra mora; escarbe donde escarbe, aparece al metro la piedra mora. Aquí también hay bastante, después de las ruinas. Es más dura que el fierro, y hace rebotar el pico hasta las narices.

"Llevábamos ocho metros de hondura en ese pozo, cuando un atardecer mi hermano, después de concluir una mina en el fondo, prendió fuego a la mecha y salió del pozo. Mi hermano había trabajado solo esa tarde, porque el milanés andaba paseando borracho con su gorra y su bastón, y yo estaba en el catre con el chucho.

"Al caer el sol fui a ver el trabajo, muerto de frío, y en ese momento mi hermano se puso a gritar al milanés que se había subido al cerco y se estaba cortando con los vidrios. Al acercarme al pozo resbalé sobre el montón de escombros, y tuve apenas tiempo de sujetarme en la misma boca; pero el zapatón de cuero, que yo llevaba sin medias y sin tira, se me salió del pie y cayó adentro. Mi hermano no me vio, y bajé a buscar el zapatón. ¿Usted sabe cómo se baja, no? Con las piernas abiertas en las dos paredes del pozo, y las manos para sostenerse. Si hubiera estado más claro, yo habría visto el agujero del barreno y el polvo de piedra al lado. Pero no veía nada, sino allá arriba un redondel claro, y más abajo chispas de luz en la punta de las piedras. Usted podrá hallar lo que quiera en el fondo de un pozo, grillos que caen de arriba, y cuanto quiera de humedad; pero aire para respirar, eso no va a hallar nunca.

"Bueno; si yo no hubiera tenido las narices tapadas por la fiebre, habría sentido bien pronto el olor de la mecha. Y cuando estuve abajo y lo sentí bien, el olor podrido de la pólvora, sentía más claramente que entre las piernas tenía una mina cargada y prendida.

"Allá arriba apareció la cabeza de mi hermano, gritándome. Y cuanto más gritaba, más disminuía su cabeza y el pozo se estiraba y se estiraba hasta ser un puntito en el cielo, porque tenía chucho y estaba con fiebre.

"De un momento a otro la mina iba a reventar, y encima de la mina estaba yo, pegado a la piedra, para irme también en pedazos hasta la boca del pozo. Mi hermano gritaba cada vez más fuerte hasta parecer una mujer. Pero yo no tenía fuerzas para subir ligero, y me eché en el suelo, aplastado como una barreta. Mi hermano supuso la cosa, porque dejó de gritar.

"Bueno; los cinco segundos que estuve esperando que la mina reventara de una vez, me parecieron cinco o seis años, con meses, semanas, días y minutos, bien seguidos unos tras otros.

"¿Miedo? ¡Bah! Tenía demasiado que hacer siguiendo con la idea la mecha que estaba llegando a la punta... Miedo, no. Era una cuestión de esperar, nada más; esperar a cada instante; ahora... ahora... Con eso tenía para entretenerme.

"Por fin la mina reventó. La dinamita trabaja para abajo; hasta los mensús lo saben. Pero la piedra desecha salta para arriba, y yo, después de saltar contra la pared y caer de narices, con un silbato de locomotora en cada oído, sentí las piedras que volvían a caer en el fondo. Una sola un poco grande me alcanzó aquí en la pantorrilla, cosa blanda. Y además, el sacudón de costado, los gases podridos de la mina, y sobre todo, la cabeza hinchada de picoteos y silbidos, no me dejaron sentir mucho las pedradas. Yo no he visto un milagro nunca, y menos al lado de una mina de dinamita. Sin embargo, salí vivo. Mi hermano bajó enseguida, pude subir con las rodillas flojas, y nos fuimos enseguida a emborracharnos por dos días seguidos.

"Ésta fue la primera vez que me escapé. La segunda fue también en un pozo que había contratado solo. Yo estaba en el fondo, limpiando los escombros de una mina que había reventado la tarde anterior. Allá arriba, mi ayudante subía y volcaba los cascotes. Era un guayno paraguayo, flaco y amarillo como un esqueleto, que tenía el blanco de los ojos casi azul, y no hablaba casi nada. Cada tres días tenía el chucho.

"Al final de la limpiada, sujeté a la soga por encima del balde, la pala y el pico, y el muchacho izó las herramientas que, como acabo de decirle, estaban pasadas por un falso nudo. Siempre se hace así, y no hay cuidado de que se salgan, mientras el que iza no sea un bugre como mi peón.

"El caso es que cuando el balde llegó arriba, en vez de agarrar la soga por encima de las herramientas para tirar afuera, el infeliz agarró el balde. El nudo se aflojó, y el muchacho no tuvo tiempo más que para sujetar la pala.

"Bueno; pare la oreja al tamaño del pozo: tenía en ese momento catorce metros de hondura, y sólo un metro o uno y veinte de ancho. La piedra mora no es cuestión de broma para perder el tiempo haciendo barrancos y, además, cuanto más angosto es el pozo, es más fácil subir y bajar por las paredes.

"El pozo, pues, era como un caño de escopeta; y yo estaba abajo en una punta mirando para arriba, cuando vi venir el pico por la otra.

"¡Bah! Una vez el milanés pisó en falso y me mandó abajo una piedra de veinte kilos. Pero el pozo era playo todavía, y la vi venir a plomo. Al pico lo vi venir también, pero venía dando vueltas, rebotando de pared a pared, y era más fácil considerarse ya difunto con doce pulgadas de fierro dentro de la cabeza, que adivinar dónde iba a caer.

“Al principio comencé a cuerpearlo, con la boca abierta fija en el pico. Después vi enseguida que era inútil y me pegué entonces contra la pared, como un muerto, bien quieto y estirado como si ya estuviera muerto, mientras el pico venía como un loco dando tumbos, y las piedras caían como lluvia.

“Bueno; pegó por última vez a una pulgada de mi cabeza y saltó de lado contra la otra pared; y allí se esquinó, en el piso. Subí entonces, sin enojo contra el bugre que, más amarillo que nunca, había ido al fondo con la barriga en la mano. Yo no estaba enojado con el gusano, porque me consideraba bastante feliz saliendo vivo del pozo como un gusano, con la cabeza llena de arena. Esa tarde y la mañana siguiente no trabajé, pues lo pasamos borrachos con el milanés.

“Ésta fue la segunda vez que me escapé de la muerte, y las dos dentro de un pozo. La tercera vez fue al aire libre, en una cantera de lajas como ésta, y hacía un sol que rajaba la tierra.

“Esta vez no tuve tanta suerte... ¡Bah! Soy duro. El brasileño – le dije al principio que él tuvo la culpa – no había probado nunca su pólvora. Esto lo vi después del experimento. Pero hablaba que daba miedo, y en el almacén me contaba sus historias sin parar, mientras yo probaba la caña nueva. Él no tomaba nunca. Sabía mucha química, y una porción de cosas; pero era un charlatán que se emborrachaba con sus conocimientos. Él mismo había inventado esa pólvora nueva – le daba el nombre de una letra – y acabó por marearme con sus discursos.

"Mi hermano me dijo: "Todas esas son historias. Lo que va a hacer es sacarte plata". Yo le contesté: "Plata no me va a sacar ninguna". "Entonces – agregó mi hermano –, los dos van a volar por el aire si usan esa pólvora".

"Tal me lo dijo, porque lo creía a pie junto, y todavía me lo repitió mientras nos miraba cargar el barreno.

"Como le dije, hacía un sol de fuego, y la cantera quemaba los pies. Mi hermano y otros curiosos se habían echado bajo un árbol, esperando la cosa; pero el brasileño y yo no hacíamos caso, pues los dos estábamos convencidos del negocio. Cuando concluimos el barreno, comencé a atacarlo. Usted sabe que aquí usamos para esto la tierra de los tacurús, que es muy seca. Comencé, pues, de rodillas a dar mazazos, mientras el brasileño, parado a mi lado, se secaba el sudor, y los otros esperaban.

"Bueno; al tercer o cuarto golpe sentí en la mano el rebote de la mina que reventaba, y no sentí nada más porque caí a dos metros desmayado.

"Cuando volví en mí, no podía ni mover un dedo, pero oía bien. Y por lo que me decían, me di cuenta de que todavía estaba al lado de la mina, y que en la cara no tenía más que sangre y carne deshecha. Y oí a uno que decía: "Lo que es éste, se fue del otro lado".

"¡Bah...! Soy duro. Estuve dos meses entre si perdía o no el ojo, y al fin me lo sacaron. Y quedé bien, ya ve. Nunca más volví a ver al brasileño, porque pasó el río la misma noche; no había recibido ninguna herida. Todo fue para mí, y él era el que había inventado la pólvora.

"Ya ve – concluyó por fin levantándose y secándose el sudor –. No es así como así que van a acabar con Van-Houten. ¡Pero bah...! (con una sacudida de hombros final). De todos modos, poco se pierde si uno se va al hoyo..."

Y escupió.

Por una lóbrega noche de otoño descendía yo en mi canoa sobre un Paraná tan exhausto, que en la misma canal el agua límpida y sin fuerzas parecía detenida a depurarse aún más. Las costas se internaban en el cauce del río cuanto éste perdía de aquél, y el litoral, habitualmente de bosque refrescándose en las aguas, constituíanlo ahora dos anchas y paralelas playas de arcilla rodada y cenagosa, donde apenas se podía marchar. Los bajofondos de las restingas, delatados por el color umbrío de agua, manchaban el Paraná con largos conos de sombra, cuyos vértices penetraban agudamente en la canal. Bancos de arena y negros islotes de basalto habían surgido donde un mes atrás las quillas cortaban sin riesgo el agua profunda. Las chalanas y guabirobas que remontan el río fielmente adheridos a la costa, raspaban con las palas el fondo pedregoso de las restingas, un kilómetro río adentro.

Para una canoa los escollos descubiertos no ofrecen peligro alguno, aun de noche. Pueden ofrecerlo, en cambio, los bajofondos disimulados en la misma canal, pues ellos son por lo común cúspide de cerros a pico, a cuyo alrededor la profunda sima del agua no da fondo a setenta metros. Si la canoa encalla en alguna de esas cumbres sumergidas, no hay modo de arrancarla de allí; girará horas enteras sobre la proa o la popa, o más habitualmente sobre su mismo centro.

Por la extrema liviandad de mi canoa yo estaba apenas expuesto a este percance. Tranquilo, pues, descendía sobre las aguas negras, cuando un inusitado pestañear de faroles de viento hacia la playa de Itahú llamó mi atención.

A tal hora de una noche lóbrega, el Alto Paraná, su bosque y su río son una sola mancha de tinta donde nada se ve. El remero se orienta por el pulso de la corriente en las palas; por la mayor densidad de las tinieblas al abordar las costas; por el cambio de temperatura del ambiente; por los remolinos y remansos; por una serie, en fin, de indicios casi indefinibles.

Abordé en consecuencia a la playa de Itahú, y guiado hasta el rancho de Van-Houten por los faroles que se dirigían allá, lo vi a él mismo, tendido de espaldas sobre el catre con el ojo más abierto y vidrioso de lo que se debía esperar.

Estaba muerto. Su pantalón y camisa goteando todavía, y la hinchazón de su vientre, delataban bien a las claras la causa de su muerte.

Paolo hacía los honores del accidente, relatándolo a todos los vecinos, conforme iban entrando. No variaba las expresiones ni los ademanes del caso, vuelto siempre hacia el difunto, como si lo tomara de testigo.

– Ah, usted vio – se dirigió a mí al verme entrar – . ¿Qué le había dicho yo siempre? Que se iba a ahogar con su canoa. Ahí lo tiene, duro. Desde esta mañana estaba duro, y quería todavía llevar una botella de caña. Yo le dije:

“ – Para mí, don Luis, que si usted lleva la caña va a fondear la cabeza en el río.

“Él me contestó:

“ – Fondear, eso no lo ha visto nadie hacer a Van-Houten... Y si fondeo, bah, tanto da.

“Y escupió. Usted sabe que siempre hablaba así, y se fue a la playa. Pero yo no tenía nada que ver con él, porque yo trabajo a un tanto. Así es que le dije:

“ – Hasta mañana entonces, y deje la caña acá.

“Él me respondió:

“ – Lo que es la caña, no la dejo.

“Y subió tambaleando en la canoa.

“Ahí está ahora, más duro que esta mañana. Romualdo el bizco y Josesinho lo trajeron hace un rato y lo dejaron en la playa, más hinchado que un barril. Lo encontraron en la piedra frente a Puerto Chuño. Allí estaba la guabiroba arrimada al islote, y a don Luis lo pescaron con la liña en diez brazas de fondo.

– Pero el accidente – lo interrumpí – ¿cómo fue?

– Yo no lo vi, Josesinho tampoco lo vio, pero lo oyó a don Luis, porque pasaba con Romualdo a poner el espinel en el otro lado. Don Luis gritaba, cantaba y hacía fuerza al mismo tiempo, y Josesinho conoció que había varado, y le gritó que no paleara de popa, porque en cuanto zafara la canoa, se iba a ir de lomo al agua. Después Josesinho y Romualdo oyeron el tumbo en el río, y sintieron a don Luis que hablaba como si tragara agua. Lo que es tragar agua... Véalo, tiene el cinto en la ingle, y eso que ahora está vacío. Pero cuando lo acostamos en la playa, echaba agua como un yacaré. Yo le pisaba la barriga, y a cada pisotón echaba un chorro alto por la boca. Hombre guapo para la piedra y duro para morir en la mina, lo era. Tomaba demasiado, es cierto, y yo puedo decirlo. Pero a él nunca le dije nada, porque usted sabe que yo trabajaba con él a un tanto...

Continué mi viaje. Desde el río en tinieblas vi brillar todavía por largo rato la ventana iluminada, tan baja que parecía parpadear sobre la misma agua. Después la distancia la apagó. Pero pasó un tiempo antes de que dejara de ver a Van-Houten tendido en la playa y convertido en un surtidor, bajo el pie de su socio que le pisaba el vientre.

www.ingramcontent.com/pod-product-compliance
Ingram Content Group UK Ltd.
Pitfield, Milton Keynes, MK11 3LW, UK
UKHW021939190726
13853UKWH00004B/1536

9 786589 575283